Das Südtiroler Weinmuseum

Umschlagbild:
Die Kundschafter bei der Rückkehr aus dem Gelobten Land

Fotos: Archiv Museum
Zeichnungen: Roswitha Asche, Richard Wolff

1989

Gesamtherstellung: ATHESIADRUCK, Bozen
ISBN 88-7014-544-1

Hans Grießmair

Das Südtiroler Weinmuseum

VERLAGSANSTALT ATHESIA - BOZEN

Das Südtiroler Weinmuseum

Das Südtiroler Weinmuseum wurde im Jahre 1955 von einem Kreis von Männern um Walther Amonn, Luis Oberrauch und Wilhelm Walch gegründet. Bis Ende des Jahres 1986 war es auf Schloß Ringberg über dem Kalterer See untergebracht. Es war damals das erste Weinbaumuseum südlich der Alpen.
Der neue Sitz des Weinmuseums, der von der Marktgemeinde Kaltern langfristig zur Verfügung gestellt wird, ist das ehemalige Pfleghaus der Pfandherrschaft Kaltern-Laimburg, im Volk als Di-Pauli-Keller bekannt.
In fünf Schauräumen werden die verfügbaren Zeugnisse des geschichtlichen Weinbaues in unserem Lande ausgebreitet:
Im Vorraum archäologische Funde, Bücher und Urkunden. Bildnisse zeigen uns um den Südtiroler Weinbau verdiente Persönlichkeiten. Eine große Karte, von Heiner Gschwendt gemalt, weist auf namhafte Weinbaugebiete zwischen Neustift bei Brixen und Kortsch im Vinschgau hin (Raum I).
An einem der Pfeiler, welche das große Kellergewölbe tragen, sind Daten eingemeißelt, z. B. 1693, welche uns in die Zeit verweisen, als diese Räume von den Inhabern der genannten Pfandherrschaft, den Kalterer Adelsfamilien der Giovanelli und Di Pauli, als Zehentkeller genutzt wurden.
Auf den Rundgang durch diese Kellergewölbe begegnen dem Besucher die wichtigsten Geräte des Weinbaues von der Pergl über die Torggl, über die „Ansetz“ zu den Fässern und anderen Behältern, ja bis zum Handwerksgerät des Faßbinders (Raum II, III, IV). Zu guter Letzt soll noch wenigstens andeutungsweise auf die Trinkkultur und auf die bedeutsame Stellung des Weines in Religion und Brauch verwiesen werden (Raum V).
Das Arbeitsjahr des Weinbauern wurde weithin dem gehaltvollen Buch „Vom Perglwerk zur Torggl“ von Matthias Ladurner-Parthanes nachgezeichnet.
Die Erwartungen der Museumsbesucher sind mannigfach. Nicht alle können erfüllt werden. Dieses Museum mit seinem bescheidenen Bestand kann aber dazu beitragen, die Kenntnis von der allzeit mühsamen Arbeit um den Wein zu fördern und zu verbreiten.

Zur Geschichte des Weinbaues

Der Weinbau oder zumindest die Kenntnis der Rebe in Tirol ist, so darf man annehmen, an die 3000 Jahre alt. Die Archäologen haben da und dort Traubenkerne zutage gefördert. So wurden bereits 1909 in Stufels bei Brixen in Hausresten aus der Eisenzeit (etwa 400 v. Chr.) Kerne der Wildrebe (vitis silvestris) gefunden. Traubenkerne sind auch vom Piperbühel am Ritten (1126 m hoch gelegen), von Leifers, Siebeneich, Feldthurns und Pfatten bekannt. Die Pfattner Funde sind teilweise im Weinmuseum ausgestellt; ebenso befinden sich auch die alten Rebhölzer aus Kurtatsch als Leihgabe von Luis Hauser im Museum.

Auf vorgeschichtlichen Weinbau weisen auch Gerätefunde hin, Rebmesser und Ackerhauen, die allerdings auch für andere bäuerliche Arbeiten taugen. Das mag auch von gefundenen Deichseln und Faßschrauben, wie sie z. B. zahlreich in Sanzeno am Nonsberg zutage kamen, gelten.

Eindeutiger Hinweis auf Kenntnis und Gebrauch des Weines sind die Schöpfkellen, die aus mehreren Fundorten bekannt sind, und auch die Darstellungen auf Bronzeblechen von Eimern oder Gürtelbeschlägen. Das Lob römischer Dichter und Schriftsteller für den rätischen Wein wurde manchmal recht unvorsichtig als Beweis für den Weinbau in Südtirol gewertet.

M. P. Cato der Ältrere lobte den rätischen Wein, ebenso Vergil (70–19 v. Chr.), der ihn an die Seite des berühmten Falerners stellt. Der gute Wein, der an der Tafel der römischen Cäsaren Augustus und Tiberius kredenzt wurde, wuchs aber wohl nicht im heutigen Südtirol, sondern in den sonnigeren Gefilden am Südhang der Alpen, wo nach Strabon (66–24 v. Chr.) die Räter siedelten. Plinius der Ältere († 79 n. Chr.), der gewissermaßen aus dem römisch besetzten Rätien stammte, erzählt vom rätischen Wein und von den Holzfässern der Räter.

Die Römer werden in Rätien Weinbau schon vorgefunden haben; sicher ist jedenfalls, daß sie die Lehrmeister des Weinbaues waren.

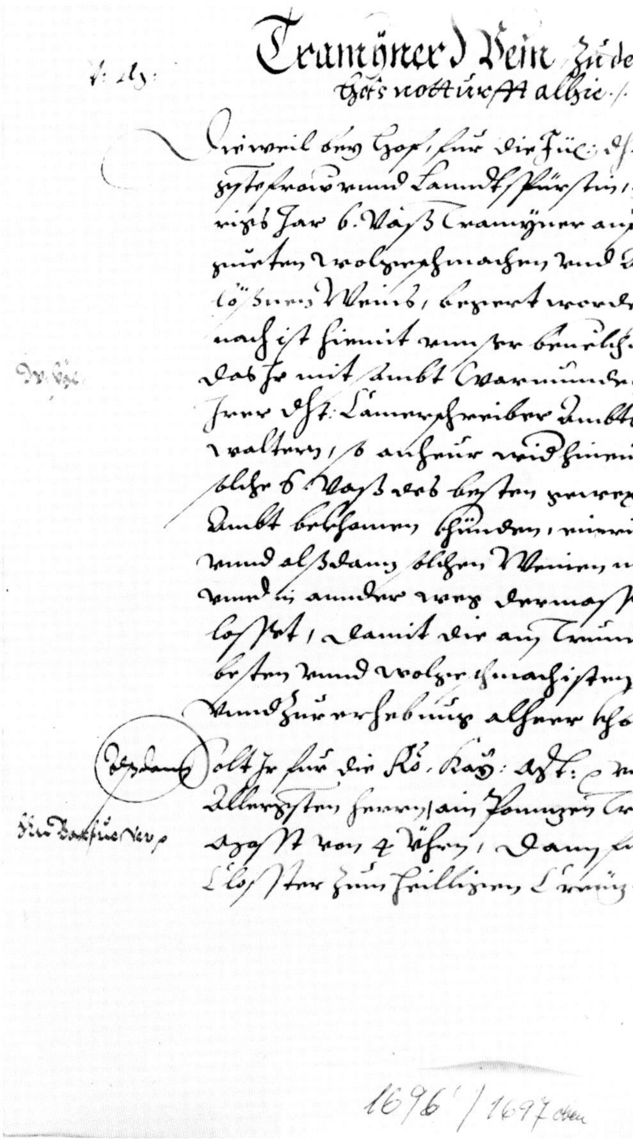

Traminer Wein nach Innsbruck

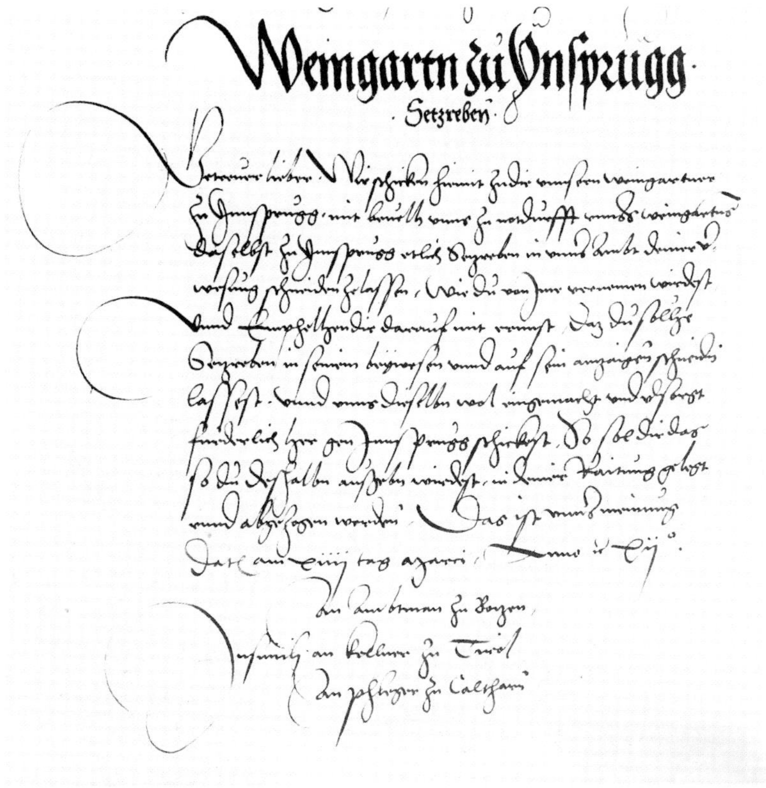

Setzreben nach Innsbruck

Vorrömische Sprachreste, die auf den Weinbau hinweisen, kennen wir nicht, und was die germanischen Volksstämme angeht, so hatten sie vor der Berührung mit den Römern keine Kenntnis vom Wein. Jedenfalls berichtet Caesar (De bello gallico 4,2) von der grundsätzlichen Enthaltsamkeit der Germanen: Vinum ad se omnino importare non sinunt. Das Wortgut um Wein und Weinbau ist weitgehend dem Romanischen entlehnt: Most – mustum, Essig – acetum, Keller – cellarium, Kelter – calcatorium, Becher – bicarium, Torggl – torcular, Kufe-cupa, Spund – punctum, Faß – vas usw.

Ob Kaiser Probus (276–282) wie in anderen Provinzen des Reichs den Weinbau in Südtirol verbessert hat, ist nicht bewiesen, kann aber mit gutem Grund angenommen werden.

Der von den Römern in Schwung gebrachte Weinbau hat im südlichen Tirol die Stürme der Völkerwanderung gut überstanden. Korbinian († 725), der erste Bischof von Freising, legte in seiner Heimat Kuens und in Kortsch Weingärten an. In der Folge besaßen zahlreiche Bistümer und Abteien des süddeutschen Raumes Weingüter in Südtirol. Die Benediktiner von Tegernsee und Bendiktbeuren hatten Weingüter in Kaltern und Untermais, die von Schäftlarn in Gries; die Prämonstratenser von Steingaden in Algund und Schreckbichl usw. Die Klöster und Pfarreien brauchten nicht nur unverdorbenen Meßwein. Wein wurde auch als Willkomm- und Labetrunk für Pilger und hohe Gäste in reichen Mengen benötigt und fand auch in der Medizin Verwendung. Die Klöster hatten gute Verwalter, die sich um ertragreiche Bearbeitung der Güter und um Zollbegünstigungen für den Weintransport bemühten. Die Zöllner mußten zusätzlich durch kleine Weinfäßchen von etwa 5 Litern milde gestimmt werden. Bis dann eine Maß Wein im Klosterkeller zu Benediktbeuren war, kostete sie bereits 18 Kreuzer. Zur gleichen Zeit kostete die Tagschicht eines Maurermeisters 30 Kreuzer. So kann man verstehen, daß der Wein vorwiegend ein Getränk für Herren war.

Das Kloster Steingaden führte noch 1608 aufgrund eines von König Heinrich von Böhmen um 1400 verliehenen Privilegs an die 400 Yhren Eigenweines zollfrei außer Landes.

Der Hofkammer entgingen dadurch erhebliche Einnahmen. Wie wir

z. B. der Zolltafel von Peitlstein von 1626 entnehmen können, erhob man für eine Yhre Wein zwei Kreuzer, während man für einen Ochsen nur einen Kreuzer verlangte.
Teuer waren auch die Rebflächen. Ein Star Rebland (= 1110 m^2) kostete in der Mitte des 16. Jahrhunderts 7500 Gulden.
Im Jahre 1803 wurden im Zuge der Säkularisierung alle diese Klostergüter enteignet und gingen in bäuerliche Hände über.
Von alters her werden Kenner und Liebhaber, weitgereiste Leute die Kunde von einem guten Tropfen verbreitet und zur Veredlung des Rebbestandes beigetragen haben.

Zuerst, etwa ab dem 13. Jahrhundert, werden die Reben nach den Nationen benannt, die vitessclave, die „Gschlafene" z. B. ist die Rebe von der slawischen Adriaküste. Die Tiroler Landesordnung von 1532 legte fest, daß zuerst die Gschlofnen oder Welschen, dann die Lagrein- oder Teutschen Reben gewimmt werden sollten. Ob die Lagreinrebe aus dem südlich von Rovereto gelegenen Lagarina-Tal stammt, ist ungeklärt. Was südlich des Avisio wuchs, war im mittelalterlichen Tirol „welscher" Wein.
Aber auch nach Ortschaften wird der Wein bekannt. So geht z. B. um 1220 vom vinum de Caldario die Rede, und im 13. und 14. Jahrhundert waren der „Bôzenaere" und der Traminer die berühmtesten Weine des Landes.
Nach dem Herkunftsnamen wurde das Wort Wein überflüssig:

„Ich het dâ ze Insbrucke
vil guoten Bôzenaere
getrunken für die swaere..."

Der Traminer hat ja ein Denkmal in Oswald von Wolkensteins Sehnsuchtsschrei aus dem Bodenseeraum:

„Vast süesser wein als slehentrank,
der reuhet mir die kel so krank,
das sich verirt mein hels gesank,
dick gen Tramin stet min gedank..."

Ein Urbar des Klosters Tegernsee nennt die Weinreben, die um 1500 an der Etsch wuchsen: Muskateller, Vernetzer (Vernatsch), Lagrainer; Pfefferwein, Heunische, Madruschen, Schlafen, Verdolen (= Versolen, Versailles).

Maßkrug, Kloster Muri-Gries

Weinfuhrlohn-Tax

für das

1777 und 1778ste Jahr von einem Eimer.

	Von 1 Eimer fl.	kr.
Von Meran überrucks	1	48
Von nämlichen Meran auf der Art	1	48
Von Klausen	1	
Von Kollmann	1	3
Von Botzen und Gries	1	25
Von Siebenaich	1	26
Von Eppan, Mißion, Untrrein, Girlon, St. Paul, St. Michael, und selber Gegenden	1	32
Von Kaltern, Planitzin, und Pranzoll	1	39
Von Auer	1	44
Von Tramin, und Neumarkt	1	48
Von Kurtatsch	1	51
Von Margreit, Salurn, und Cortini	1	55
Von Aichholz	1	56
Von Wälschmichael, Deutschmetz	2	1
Von Nevis	2	8
Von Trient	2	15
Von Rovereith	2	34

Zumalen obiger Fuhrlohn-Tax einschließlich des von den Fuhrleuten bey der betreffenden Zollstatt abzuführenden Zoll und Weggelds gemeynet ist, und diese Gebühr sowohl von Deputat- als andern Weinen vermog allerhöchster Verordnung zu beziehen, auch von dem Fuhrmann zu entrichten kömmt, so hat es durchgehends bey obigem Tax zu bewenden.

Welcher Tax in Anbetracht der unterwaltenden Umständen gesetzet, beynebens auch des Kaiserl. Königl. O. Oestᵉⁿ Landes-Gubernii Befehl ist, daß diejenigen, welche den Fuhrleuten Haber anstatt baaren Geldes geben, sie Fuhrleute mit dessen allzuhohem Anschlage nicht beschweren, wie dann auch die Fuhrleute das Futter für baares Geld in höherm Preise anzunehmen nicht schuldig, wohl aber hingegen verbunden seyn sollen, die herausführende Weine gerecht, und unverfälschter zu liefern, bey Vermeidung unnachläßlicher Strafe, mit welcher man wider sie auf jedesmaliges Betreten empfindlich verfahren würde. Actum Innsbruck, den 12ten December 1777.

Die Heunische wird manchmal auch als Hunnische oder Ungarische Rebe ausgegeben. Die Bezeichnung gibt es in abgewandelter Form auch in der Pfalz und im Elsaß; sie steht für unedel, gemein und trifft vielleicht auf alte Sorten zu.

Die heilige Äbtissin Hildegard von Bingen († 1179) erlaubte ihren Klosterfrauen, den Wein allein von der Hunnischen Rebe ungemischt zu trinken.

Ein Taglöhner des Wiltener Bischofes in St. Pauls geriet 1695 mit der Obrigkeit in Konflikt, weil er aus verschiedenen Weingütern „Raseln" geschnitten und verkauft hatte: Heunische, wenig Lagrein, Gschlafne und andere gute Sorten. In einem Pachtvertrag 1644 um den Anreiterhof in Moritzing werden als Rebsorten genannt: Lichtheinisch, Kohlheinisch, Goldbeer, Geißaugen, Hurlacherin, Schwarzlagrein, Weißlagrein, Härtling, Edler Vernatsch, Schwarz Vernatsch, Schlafen, Pratweinbeer, Putznising, Muscatell, Pfefferweinbeer, Frauenweinbeer.

Die Vernatschrebe könnte aus der Lombardei eingeführt worden sein; sie wurde später von Hippolytus Guarinoni sehr gepriesen; wegen ihrer weichen Schale ist sie als Eß- und Meraner Kurtraube zu hohen Ehren gekommen. Die Traubenkur wurde um die Mitte des 19. Jahrhunderts insbesondere vom Meraner Arzt Hans Huber empfohlen und auch von Reiseschriftstellern, so z. B. auch Beda Weber, weitum bekannt gemacht.

Vor der eigentlichen Ernte wurden immer schon besonders schöne Trauben herausgeschnitten und auf die Märkte gebracht. Vor den Zeiten der Eisenbahn besorgten Kraxenträger und Karrenzieher die Fracht der sorgsam in Weidenkörben verpackten Trauben. Als Tafel- oder Kurtraube erwies sich die Frucht der Großvernatschrebe als besonders geeignet.

Der aus dem Trentino stammende Arzt Hippolytus Guarinoni (1571–1654) war es auch, der in seinem 1610 in Ingolstadt erschienenem Buch „Von den Greueln der Verwüstung des menschlichen Geschlechts" erfolgreich gegen den Höpfwein und für den Vergärner eiferte.

Zu Beginn des 17. Jahrhunderts stand der Höpfwein noch über dem Vergärner. Für die fürstliche Hofhaltung wurden 1607 bestellt:

90 Yhren Grieser Höpfwein (in 6 Fässern)
120 Yhren Missianer Höpfwein (in 8 Fässern)
120 Yhren Kalterer Seber-Gewächs
20 Yhren Leitacher
300 Yhren Grieser Höpfwein
40 Yhren Roter Grieser Vergärner
230 Yhren Missianer Höpfwein
2 Yhren gesottenen Kochwein
70 Yhren Montaner Höpfwein
20 Yhren Grieser Most zur Herstellung von Kräuterwein
100 Yhren Kalterer Höpfwein
3 Yhren Gesottenen Alet-(Alant-)Wein

Neben den Gewürzweinen ist es in der Hauptsache Höpfwein.
Etliche Jahre später scheint sich die Sache schon gewandelt zu haben: Da kostete in Bozen die Yhre Vergärner bereits 5 Gulden, die Yhre Höpfwein 4 Gulden und 30 Kreuzer; ein Star (30 Liter) Weizen hingegen einen Gulden 42 Kreuzer.

Im Mittelalter und in späteren Jahrhunderten liebten es die vornehmen Leute, den Wein mit allerlei Gewürzen wie Thymian, Fenchel, Wermut, Minze, Alant und Augentrost oder auch mit Honig schmackhaft zu machen.

So erging 1534 vom Innsbrucker Hof ein Befehl an den Bozner Amtmann, für die königlichen Kinder, d. h. für die Hofhaltung König Ferdinands, Wein zu senden: einen Panzen Wermutwein von zwei Yhrn; einen Panzen Alantwein von anderthalb Yhrn, einen Panzen Rosmarinwein von anderthalb Yhrn, einen Panzen Hirschzungenwein von anderthalb Yhrn.

Im Gefolge von Gottfrieds Pelzbuch (um 1350) und medizinischer Werke entstanden zahlreiche Handschriften mit Rezepten, die unter anderem auch Anleitungen zur Behandlung des Weines geben. In einer Handschrift aus dem Jahre 1532 wird gesagt, wie man „Alantwein" macht. Für zwei Yhren Alantwein braucht es drei Yhren vom besten Most. In den Wein hängt man die Alantwurzel und läßt ihn zugedeckt sieden, bis ein Drittel eingekocht ist. Danach läßt man ihn in einem

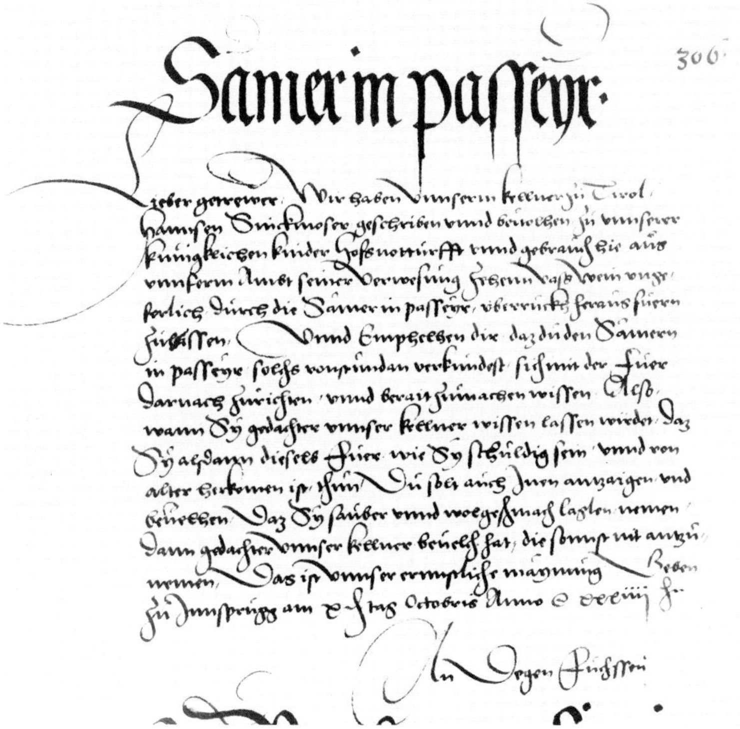
Samer in Passeier

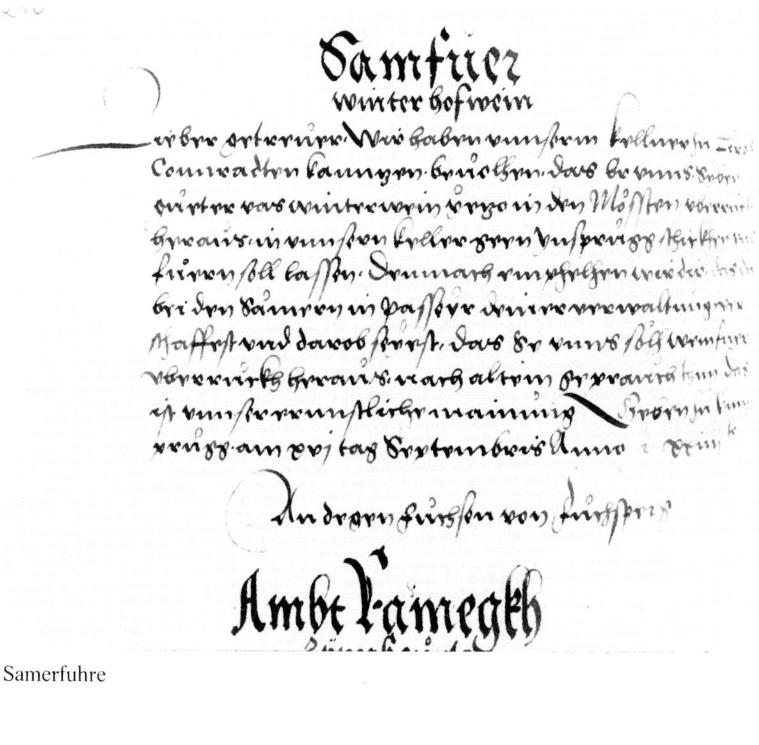
Samerfuhre

Flasche aus Ziegenfell

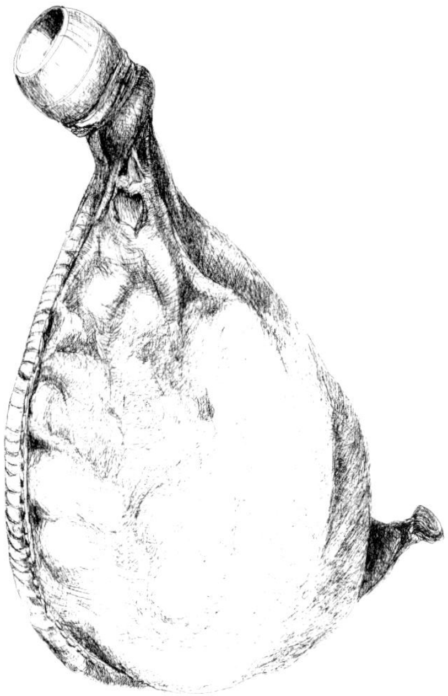

verdeckten Zuber gut auskühlen und füllt ihn, wenn er den rechten Geschmack angenommen hat, in einen Panzen.

Guter Wein sei COSTA, heißt es im Kräuterbuch des Lonicenus, daß er mag mit den fünf Sinnen probieret werden, nämlich:

colore – Farbe oder Gesicht
odore – Geruch
sapore – Geschmack
tactu – Griff

Es gab auch „gesottenen", d. h. erhitzten und haltbar gemachten Wein. Der Glühwein ist seit 1190 bezeugt.

Im Tiroler Landreim des Georg Rösch (1558) geht von „edlen eingemachten Kräuterweinen, von Kranebittbeeren, Rosmarin, Schlehen, Nelken und Wermut" die Rede (Vers 729).

Der Weinbau als wichtiger Zweig der Volkswirtschaft hat auch immer bedeutende Förderung erfahren. So hat Kaiserin Maria Theresia durch einen Erlaß von 1769 für neu angelegte Weingärten eine dreißigjährige Steuerbefreiung gewährt.

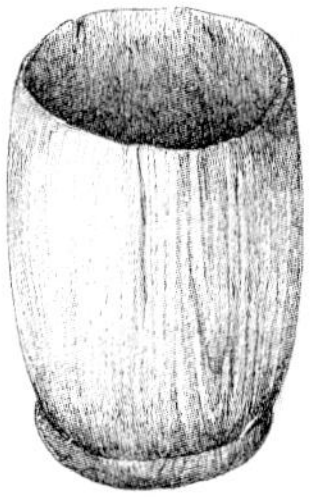

Hölzerner Trinkbecher
Höhe 7 cm

Gedrechselter Becher
Höhe 8 cm

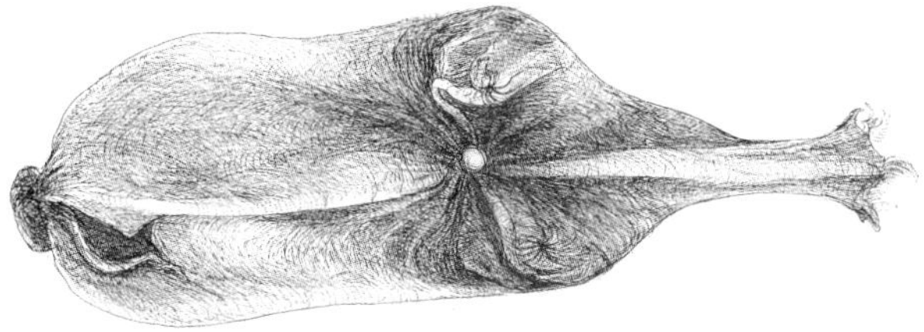

Weinschlauch aus Ziegenhaut

Erzherzog Johann von Österreich († 1859), der große Förderer der Landwirtschaft, sorgte sich auch um den Weinbau. Er regte die Einführung kleinbeeriger Sorten, wie Weiß- und Blauburgunder, Silvaner und Riesling, an.

Ab der Mitte des 19. Jahrhunderts wurden die Weinbauern von schweren Schädlingsplagen heimgesucht. 1845 wurde aus Amerika der Mehltau (Oidium Tuckeri) eingeschleppt. Der „Schimmeltiesel", wie die Leute die neue Krankheit nannten, verursachte über Jahre hin arge Mißernten. Retter in dieser Not war Ludwig von Comini-Sonnenberg (1814–1869). Er setzte sich für die Schwefelbestäubung mit Quaste oder Blasbalg zur Zeit der Rebenblüte ein. Nach Spott und Widerstand ist der „Schwefelapostel" als großer Wohltäter in die Geschichte des Weinbaues eingegangen.

Saufteufel

Marketenderflasche in Ton, Höhe 30 cm

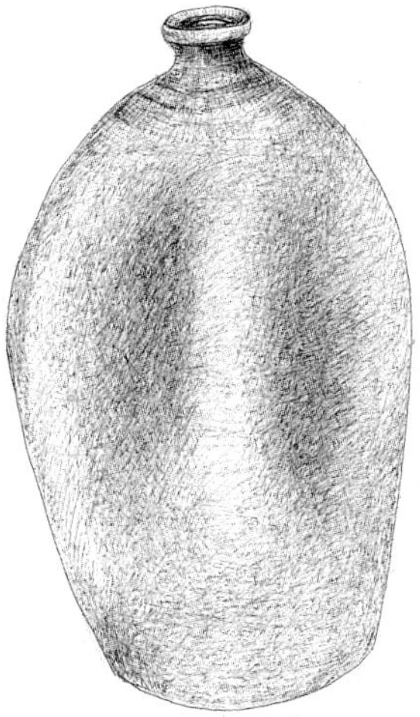

„Pietschen“

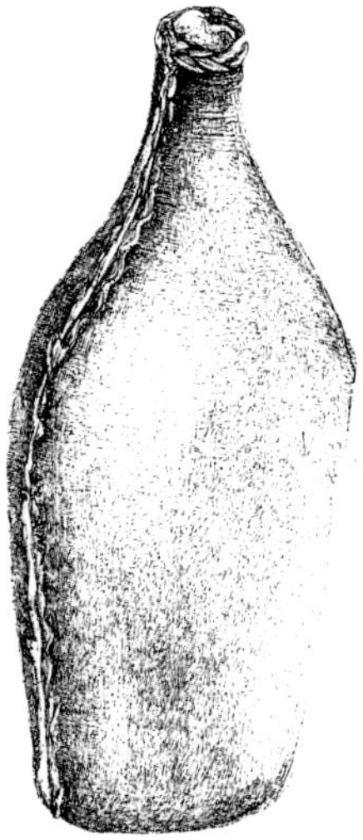

Sanitäterflasche
in Leder (1859)

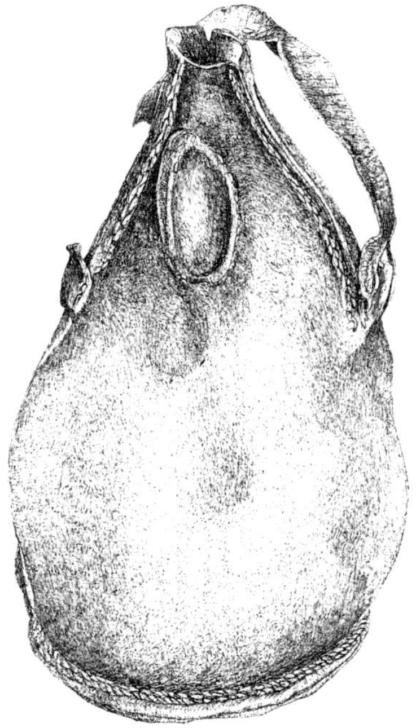

Flasche in Lederfassung

Kaum war man dank des Schwefels eines Übels Herr geworden, rückte aus Amerika ein anderer Pilz heran, der die Blattfallkrankheit (Peronospera viticola) bewirkte. Dagegen empfahl Edmund Mach (1846–1901), Direktor der Weinbauschule in San Michele, das Verspritzen einer Kupferkalkbrühe mit Hilfe der tragbaren Kolbenpumpe.

Der letzte große Schädling war die Reblaus (Phylloxera vastatrix = verwüstende Blattvertrocknerin). Bereits 1875 wurde für ganz Österreich gesetzlich vorgeschrieben, das Auftreten der Reblaus zu melden. Für Neuanlagen wurden den Bauern Steuerbefreiungen und zinslose Darlehen gewährt. Nach Südtirol kam die Reblaus erst nach 1900.

Für die Verbesserung des Weinbaues und für die Hilfe der Weinbauern wurde im Laufe der letzten Jahrzehnte sehr viel getan. Im Jahre 1874 wurde in San Michele all’Adige die landwirtschaftliche Lehranstalt gegründet, die Großartiges geleistet hat.

„Sirlkrug“

Warzenglas

Bereits 1893 wurden Kellereigenossenschaften ins Leben gerufen, und 1896 gab es die erste Bozner Weinkost. 1930 ging in St. Magdalena bei Bozen die erste Beregnungsanlage in Betrieb. 1957 wurde der Südtiroler Beratungsring für Obst- und Weinbau gegründet und ein Jahr darauf der Berufsverband der Kellermeister, dem der Verein der Rebschuler folgte. Die Obst- und Weinbauschule Laimburg besteht seit 1963, der Vinschgauer Weinbauverein seit 1981.
Die Rebfläche ist in Südtirol seit Jahren rückläufig. Waren es 1910 noch 9000 Hektar, so sind es derzeit nur noch 5000 Hektar. Aber diese Anbaufläche ist fast zur Gänze in den sogenannten Weinbergrollen verzeichnet und erzeugt Weine mit kontrollierter Ursprungsbezeichnung (DOC-Weine).

Zu den Wohltätern des Weinbaues muß, neben Christian Ferdinand Oechsle, dem Erfinder der Mostwaage, auch der Chemiker Louis Pasteur gezählt werden. Er hat gezeigt, wie der Wein keimfrei gemacht und die Gärung gelenkt werden kann.
Die Chemie und die Flaschenabfüllung haben die alten Weinkrankheiten, die früher oder später jedes Faß befielen, weitgehend ausgeschaltet. Bei zuviel Luft im angezapften Faß entstanden die Kahmhefen, „Blümlein“ genannt, oder der Wein bekam den Essigstich.
Aus gutem Wein wurde allerdings auch ein schätzenswerter Essig. Aus dem Rückstand in alten Weingeschirren, dem Weinstein, erzeugt die Chemie Weinsäure (acidum tartaricum), die zu allerlei und besonders zu medizinischen Zwecken taugt.

Holzpergln Foto H. Atzwanger (1935)

Von der Arbeit im Weingarten

Der Weinbau reicht in Südtirol im Osten bis in die Gegend von Neustift bei Brixen (700 m), im Vinschgau bis Kortsch (800 m. ü. d. M.).
An den Hängen und Talflanken reichen die Weingärten auch bis in Höhen von 900 m hinan, z. B. am Ritten.
In früheren Zeiten hatte das Gebiet des Weinbaues eine größere Ausdehnung, sei es, weil die Wetterverhältnisse besser, die Rebsorten anpassungfähiger oder vielleicht die Geschmäcker bescheidener waren. Jedenfalls bezeugen Flurnamen den Weinanbau in der Gegend von Sonnenburg im Pustertal, bei Mühlbach, im Weitental, und der Name „Stockmair-Weinbergl" in Luttach (Ahrntal) wird auch etwas zu bedeuten haben.

Der Südtiroler Wein wird heute fast ausschließlich in Pergln (lat. pergula = Laube) angebaut. Im Burggrafenamt und im Vinschgau heißt die Rebenlaube Punt oder Pataun (lat. pons = Brücke). Im Eisacktal, und zwar von Klausen bis Neustift, gibt es auch die Steckele- oder Strareben, eine Form, die verschiedentlich empfohlen, sich aber im übrigen Weinbaugebiet des Landes nicht durchsetzen konnte.
Das Perglwerk besteht aus senkrechten, in der Erde stehenden Säulen oder Stecken, aus waagrecht liegenden Stangen oder Guntanellen, aus quer über diese Stangen gelegten Hölzern, die Marzân oder Schalter heißen, und nochmals längs und parallel zu den Stangen in einem Abstand von 30 cm gelegten, dünnen Latten, meistenorts Stellaun oder Stallaun (lat. stela = gespaltenes Holz) genannt. Das mit Weidenbändern, Draht oder Nägeln verbundene Dachgerüst heißt Perglblatt oder Pataunbett. Die höhere Vorderseite ist der First (ca. 2,5 m hoch), die niedrigere Bergseite ist der Fuß (0,5 bis 1,5 m hoch). Die einzelnen Säulen waren bei der alten Holzpergl etwa drei Meter voneinander entfernt. Dieser Abstand heißt die „Kammer" oder das „Steckenluck". Durch die Verwendung von Draht anstelle der Stellaun wurden die Kammern erweitert, und dadurch konnten zwei Drittel an Perglholz, man verwendete Kastanie, Lärche oder Fichte, eingespart werden. Die Drahtpergl hat sich nach 1900 allmählich durchgesetzt.

In Gegenden, wo der Weinbau nicht so wichtig war, wurden an Hangterrassen und Feldrändern die Ackerpergln aufgestellt, z. B. im Eisacktal und im Vinschgau. Dazwischen wurde Getreide angebaut. Ähnlich war die „Lassier", eine zaunartige Begrenzung der Rebzeilen, also Rahmenanbau, der ebenfalls Zwischenraum für Ackerfrucht ließ, wie es z. B. schon Michael Gaismair in seiner Landesordnung (1526) für das sumpfige Etschtal gefordert hat. Die Ackerpergl ist fast ganz verschwunden, und die Lassier lebt nur noch in Flurnamen weiter. Daneben gab es auch noch die Mauerreben.

Auch an den sonnigen Mauern alter Weinhöfe ranken Hausreben, von denen manche, wie z. B. in Margreid, Schloß Katzenzungen oder Gries ein beachtliches Alter aufweisen. Manche dieser Hausreben wurden aus Anlaß von Heirat oder Geburt gepflanzt. Eine Hausrebe gibt Schatten und zeitige Früchte. Schon der Psalm (127,3) preist die Frau als fruchtbaren Weinstock an den Wänden des Hauses.

Die älteste datierte Hausrebe steht in Margreid und soll 1601 gepflanzt worden sein. Die größte steht bei Schloß Katzenzungen in Prissian. Auch sie soll 500 bis 600 Jahre alt sein und einen Jahresertrag von 750 kg Trauben bringen können.

Das Weingartholz, dessen es großer Mengen bedurfte, wurde aus den Bergtälern und Hochflächen wie Ritten und Reggelberg angekauft. Das Holz wurde im Winter geschlagen und gekloben, dann zu Tal gebracht und an Reifplätzen oder auf Märkten verkauft. Als Bindemittel zum Befestigen der Holzteile und überhaupt zum Rebenbinden fanden die einjährigen Triebe der Goldweide und ihrer Abarten Verwendung. Die Weiden heißen „Feler". Die Bänder wurden im späten Herbst geschnitten und in der Winterzeit „gefirmt" (= sauber geputzt). Die schwachen Ruten dienen als „Bindeband" zum Anbinden der jungen Triebe, die stärkeren zum Befestigen der Perglhölzer oder zum „Aufmaneilen", eine Arbeit, die alle zwei Jahre erneuert wurde. Die jungen dreijährigen Reben werden an Stöcke gebunden.

Zeitig im Frühjahr begann die Arbeit im Weinberg. Das Perglgerüst mußte in Ordnung gebracht werden. Im Raum Meran und im Vinsch-

Holzpergln in der Umgebung von Bozen, um 1930

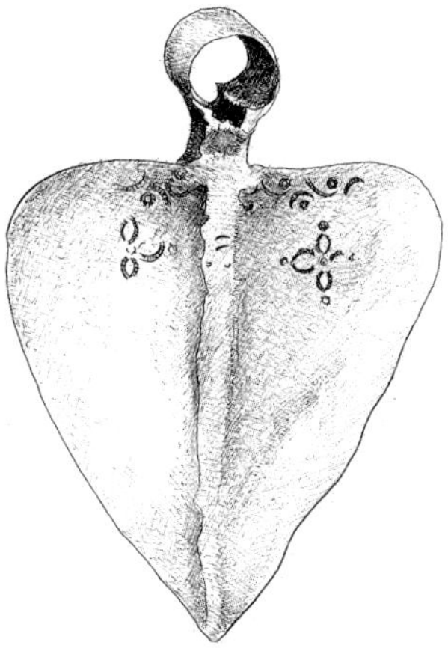

Ackerhaue

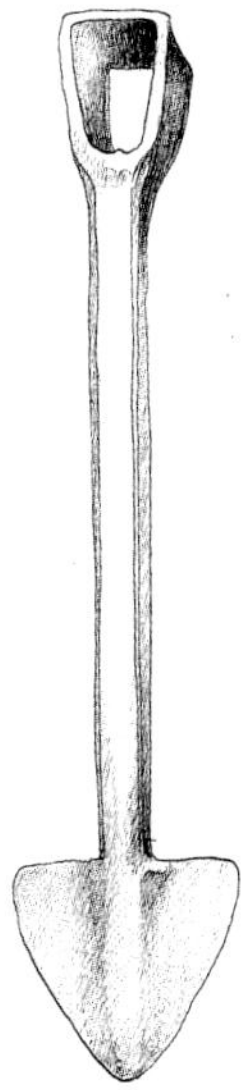

Mölbhaue

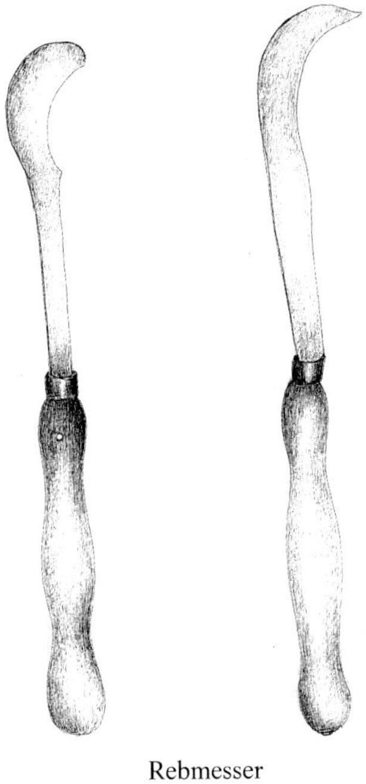

Rebmesser

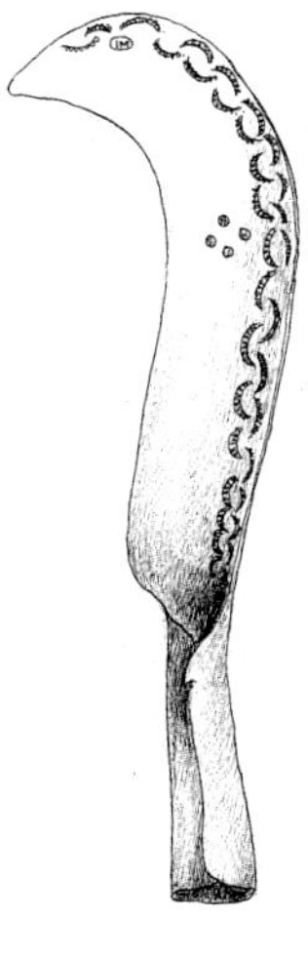

„Runggl"

gau sagte man „Stoaßen" (Stoßen), was vom Einrammen der Stecken oder vom Säulensetzen herrührt.

Dazu verwendet man einen Eisenstecken und Geräte wie zum Zäunen, auch die Vorlochhaue. Zum Antreiben die „Stoaßkette" und einen Holzkeil. Zum Nachspitzen der Stecken fand die schneidige „Runggl" oder „Stoaßer-Praxe" Verwendung. Dazu gab es noch verschiedene Behelfe wie den Hebeblock zum Anheben der Stangen, den „Stoaßstuhl" zum Draufsetzen.

Da die Rebe ein tierfwurzelnder Einzelgänger ist, muß der Weinberg von Unkraut sauber gehalten werden. Zu diesem Zweck wurde das Erdreich zwei- bis dreimal gelockert und gewendet.

Im Frühjahr befreit man den Rebstock an der Wurzel, im Hochsommer wird einmal das Unkraut beseitigt, und im Spätherbst schöpft man Erde zum Fuß der Rebgewächse, um die Wurzel vor Kälte zu schützen.

Wenn es nicht bereits im Herbst geschehen ist, werden zeitig im Frühjahr die Reben geschnitten. Dabei ist auf die Verjüngung des Holzes und auf die rechte Verteilung der fruchttragenden Zweige („Lafer") zu achten. Zu dieser und anderen Arbeiten gebrauchte man das Rebmesser (Reber oder „Raggaun"). Dieses unscheinbare Gerät ist zum Wahrzeichen des Weinbauern geworden, es ziert Wappensteine und Schlußsteine über Torbögen. Vor gut hundert Jahren, etwa von 1879 bis 1880 wurde das Rebmesser, zumindest was das Rebenschneiden betrifft, von der Rebschere vollständig verdrängt. Zum Entfernen stärkerer Äste benützt man eine handliche Bügelsäge. Der Abfall beim Rebschnitt wurde entweder kleingehackt oder zu Bündeln (Schab) gebunden und zum Einheizen verwendet.

Noch vor dem Austreiben der Reben erfolgt auch das Binden, dabei werden die Lafer gleichmäßig an das Perglblatt oder genau an den Stellaun gebunden. Das Rebenbinden war eine Frauenarbeit.

Der Boden des Weingartens wird zweimal gelockert und vom Unkraut befreit, einmal im Frühjahr und im Herbst nach dem Wimmen. Zum Lockern der Erde diente der vom Ochsen gezogene Pflug, der Radlpflug, früher wohl auch der Arl. In manchen Gegenden fand lediglich die Weinberghaue (auch „Mölbhaue", Bergeisen) und eine schmale, spitze Schaufel Verwendung.

Schädlingsbekämpfung

Auch während der Zeit des Wachsens werden Rebe und Traube nicht alleingelassen. Viel Arbeit wird auf die Schädlingsbekämpfung verwendet. Daß „Würmer" die Ernte im Weinberg des Gottlosen verzehren, steht schon im Alten Testament. Es dauert lange, bis man das Ungeziefer beim Namen nennt.
Der Urbar des Klosters Tegernsee nennt Rebschädlinge in Südtirol: „Ein Käferle, heißt Patill..." Batillen sind die Rebstecher (Rhynchites betulleti), „Rüsselkäfer, die die zarten Triebe anbeißen und Eier ablegen. Die befallenen Blätter rollen sich ein. Die Batillen sind fast ausgerottet, nicht aber der Traubenwickler (Tortrix), in der Mundart „Gossen" genannt.

Als besonderer Fürbitter gegen Schädlinge im Weingarten galt der hl. Magnus von Füssen (699–774), dessen wundertätiger Stab mehrmals für Feldsegnungen angefordert wurde, so 1643, 1678, 1700 und 1756. Der Apostel des Allgäus, dessen Fest am 6. September gefeiert wird, hat der Legende nach Schlangen und Drachen aus dem Lechtal vertrieben. Wo der wundertätige Magnusstab hinkam, blieben die Reben sieben Jahre vor jeder Krankheit verschont.
In schneearmen und sehr kalten Wintern geht der Rebtod um, bei zuviel Schnee der Schneedruck, und die Frühjahrsfröste zur Zeit der „Eismander" (12.–15. Mai) bringen noch manche Gefahr.
Dagegen hilft das „Rachen", starke Rauchentwicklung, und in neuerer Zeit die Frostberegnung. Gegen Wind helfen Windschutzmauern und Hecken, gegen den Hagel aber ist wenig Hilfe.

An natürlichen Mitteln wurde dagegen das Wetterschießen und auch die Hagelabwehr eingesetzt. Das Wetterläuten kann auch und eher zu den übernatürlichen Hilfsmitteln gezählt werden.
Dazu ist auch der mit Dreikönigswasser gesegnete, aus Buchszweigen oder Maiskolbenblättern auf langer Stange aufgestellte Sprengwedel zu rechnen.
In der Zeit, als die Reblaus die Wurzeln der Rebstöcke anfraß, wurden in manchen Gemeinden Bittgänge abgehalten und verlobt, so in Untermais, Dorf Tirol, Riffian und Gratsch. Die berühmte Urbaniprozession, welche am Pfingstmontag in Tscherms abgehalten wird, dürfte wohl ins 17. oder 18. Jahrhundert zurückreichen.

So reifen allmählich die Trauben heran, die auch allerlei gefräßige Liebhaber finden wie Fuchs und Siebenschläfer (Greil oder Gleier). Dagegen behalf man sich mit Fallen. Räuberische Vogelscharen wie Häher und Stare werden durch Vogelscheuchen, Flatterbänder, Klapperwerk und Schußanlagen verscheucht.

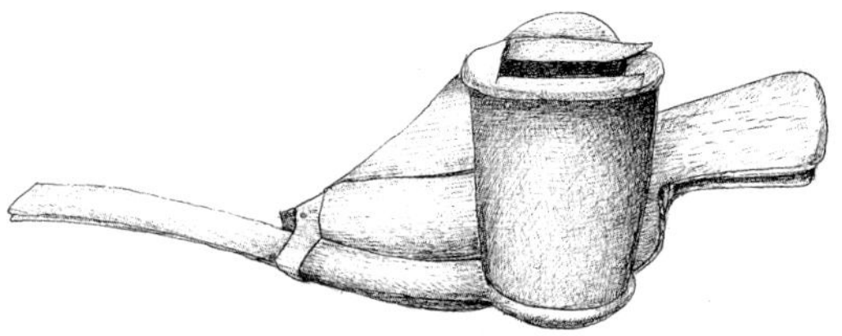

Schwefelblasbalg

Wimmen Foto H. Atzwanger (1935)

Das Wimmen

Während die Trauben heranreifen, reinigt und „deachtet“ (= dichtet) der Weinbauer sein Wimmgeschirr. Die hölzernen Stander (= Gärfässer), die Maischebottiche und Zummen werden mit Wasser bearbeitet. Zum Wimmen (lat. vinum demere), wie man hierzulande für die Traubenlese sagt, werden Tagwerker angestellt, die von den Bergdörfern, manchmal aus den fernen Tälern kommen und für die das neuartige Tagwerk zugleich eine „Traubenkur“ darstellt. Von der eigentlichen Ernte wurden immer schon besonders schöne Trauben herausgeschnitten und auf die Märkte gebracht. Vor den Zeiten der Eisenbahn besorgten Kraxenträger und Karrenzieher die Fracht der sorgsam in Weidenkörben verpackten Trauben. Als Tafel- oder Kurtraube erwies sich die Frucht der Großvernatschrebe als besonders geeignet.

Die Wimmer schneiden mit dem gebogenen Messer die Trauben in die Wimmschüssel. Die volle Wimmschüssel wird in das Wimmschaff

„Plaggaun“ zum Maischeführen

entleert, dessen Inhalt wird von den Trägern in die „Zumm" (lat. cymbium = Trinkgefäß) (Konzal, Gonzal – lat. congius – links der Etsch ab Branzoll) geschüttet und zum Maischebottich gebracht.
Diese Zummen fassen an die 50 Liter, sie waren einst wie die anderen Wimmgeschirre aus Zirbenholz gebindert. Die Tragbänder bestanden aus gedrehten Weidenruten. Was nach der Ernte noch an Trauben blieb, durften die armen Dorfgenossen einsammeln. Das nennt man „spigeln" (lat. spica = Ähre, Nachlese halten).
Die Praschlet (mhd. bresten, brechen, reißen) wird in runden oder ovalen Holzgefäßen (Wannen oder Fuhr-Yhrn = lat. urna) eingefahren. In steilen Leiten muß das Maischegefäß verschließbar sein, es heißt „Kastlet", der Deckel ist die „Bugarre". Alte Transportmittel waren der Kipfwagen und der Protzen, die von kräftigen und gutmütigen Ochsen gezogen wurden. Aus den Fuhr-Yhren und der Kastlet wurde die Maische mit Hilfe von Schanzbäumen in die Bottiche entleert, dort mit einem hölzernen Stößl gemostet, zerstampft.

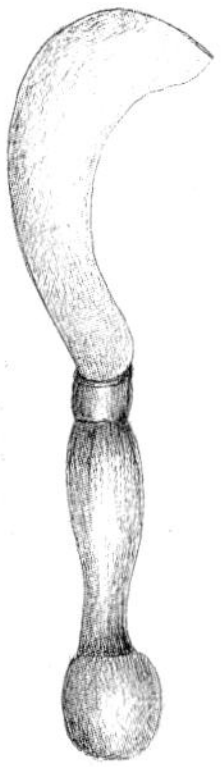
„Raggaun"

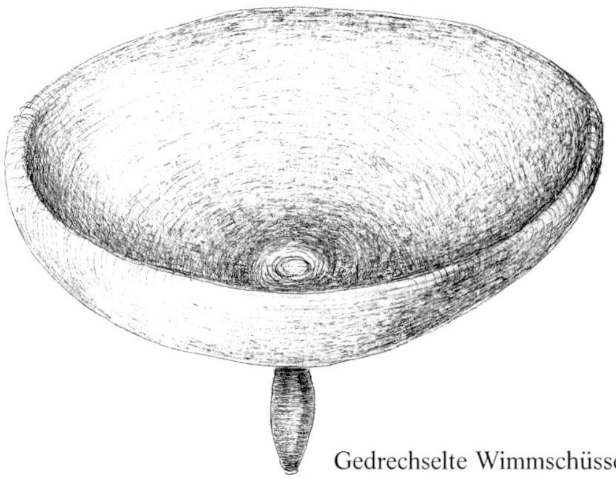
Gedrechselte Wimmschüssel
Durchmesser 30 cm

Entleeren der Kastelt zum Mosten

„Zumme"
Höhe 83 cm
faßt etwa 50 Liter

Kleine Kelter für den „Frauenwein", Lajen (1700)

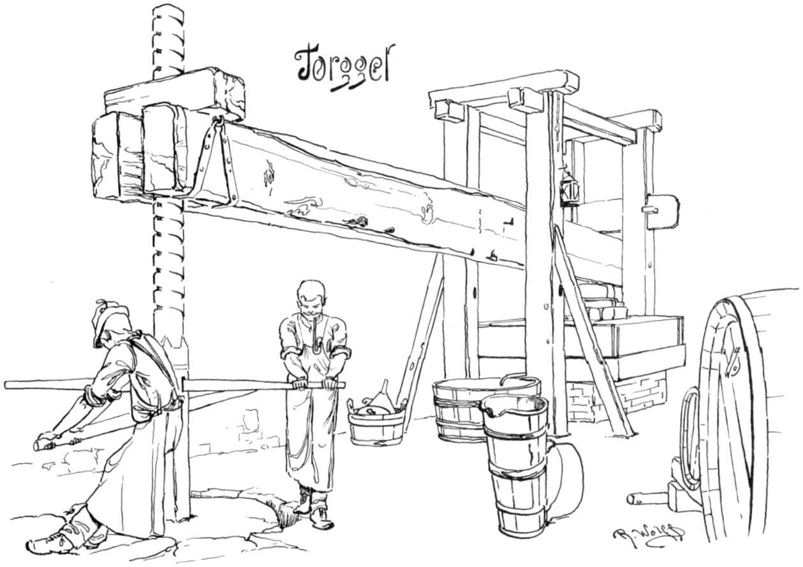

Die Torggl

Hier ist es nun an der Zeit, um über die Torggl, eines der urtümlichsten Geräte überhaupt, ein Wort zu sagen. Ihr Vorläufer ist der Mörser. Torggl (lat. torquere, torcularium = drehen), während das Wort Kelter vom Lateinischen calcatura = Stampfen kommt, was an das Traubentreten mit den Füßen erinnert.

In Ägypten und im alten Orient waren die Kelterkästen aus Stein. In Rom gab es bereits Baumkeltern. Marcus Porcius Cato (234–149 v. Chr.) beschrieb die Weinverarbeitung in Kollergängen und Keltern. Aus der alten Baumkelter entwickelte sich im ersten Jahrhundert n. Chr. die Schraubenkelter mit Preßbaum und Druckstein und daraus, unter Verzicht auf den Preßbaum, die einfache Doppelspindelkelter, ein Gerät, das fast zweitausend Jahre lang in Verwendung blieb. Gegen Ende des 19. Jahrhunderts kamen die Hebelkeltern und die hydraulischen Pressen auf und lösten allmählich die alten würdigen hölzernen Torggln ab.

Das Weinmuseum zeigt verschiedene Pressen. Die große Schraubenpresse mit Preßbaum (Preil- oder Prieltorggl) verdient besonderes Augenmerk. Der Preßbaum (lat. prelum = Preil) ruht in einem Gerüst, dem Torgglstuhl, zwischen den Sulfern. An einem Ende, am Schwanz, trägt der Preil die Spindel, eine gedrechselte Schraube aus Buchen- oder Eschenholz. An ihrem Fuß ruht der schwere Torgglstein, der sich bei Ruhestellung im Loch (Lag oder Läger) befindet. Der Preßboden heißt Piet.

Mit Hilfe der Deichsel wird die Spindel nach links gedreht, und der Stein hebt sich aus dem Lager. Mit Hilfe der Keile oder „Schlüssel" wird der Preil in seiner nunmehr erhöhten Lage gesperrt. Nun kann am Piet (gotisch binds, ahd. piot heißt Tisch, Boden), das noch durch die Toggen erhöht wird, das Preßgut zum Tresterstock aufgeschichtet, mit der Krücke oder Kralle geebnet, mit den Rüsthölzern beschwert werden. Jetzt werden aus dem Preßbaum die Sperren herausgenommen, die Deichsel wird nach rechts gedreht, wodurch der Baum mehr

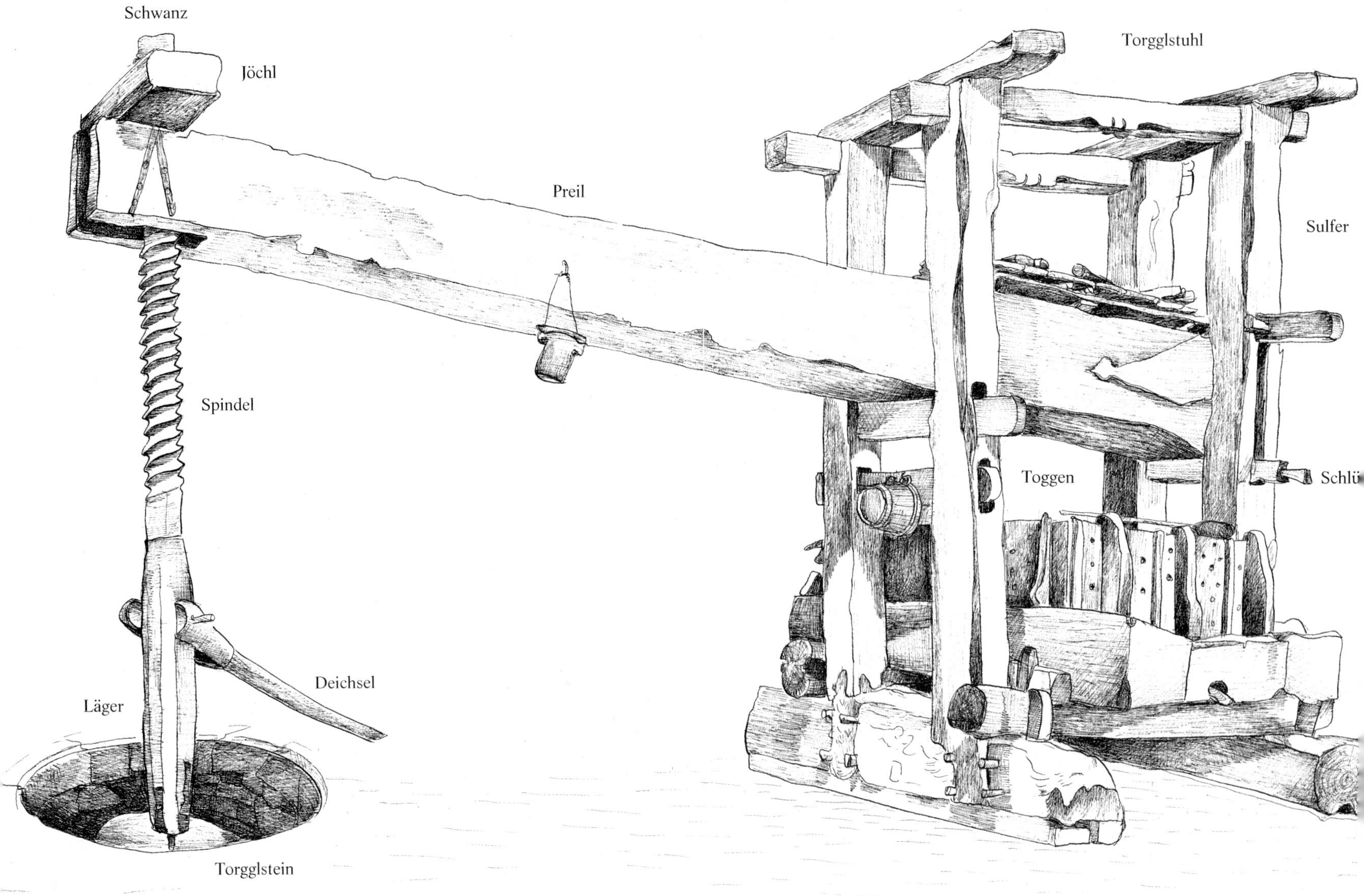
Schwanz
Jöchl
Torgglstuhl
Preil
Sulfer
Spindel
Toggen
Schlü
Deichsel
Läger
Torgglstein

„Torgglblume"
Verzierung am Preil

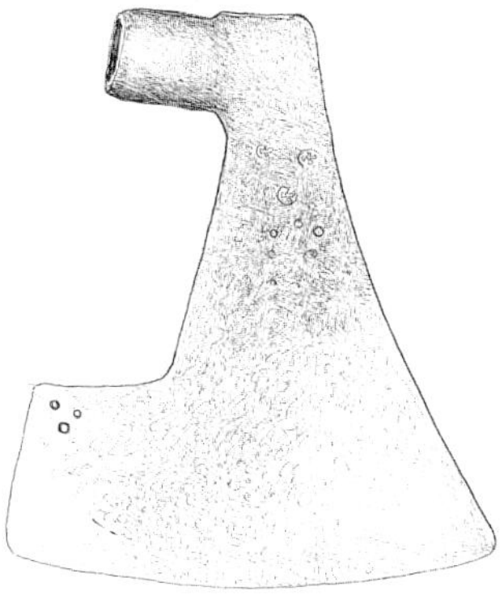

Tresterhacke

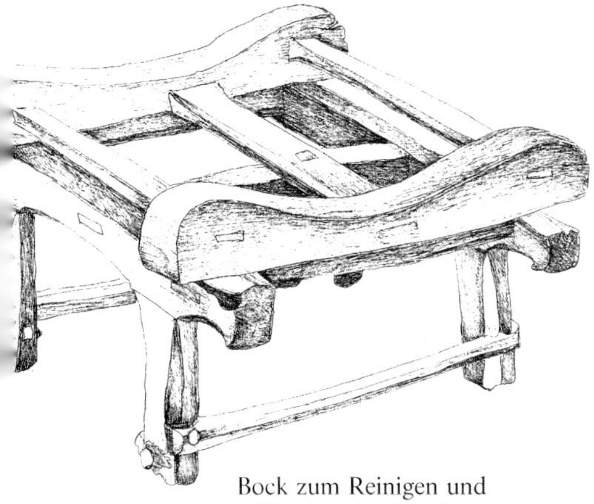

Bock zum Reinigen und
Wenden der Stander

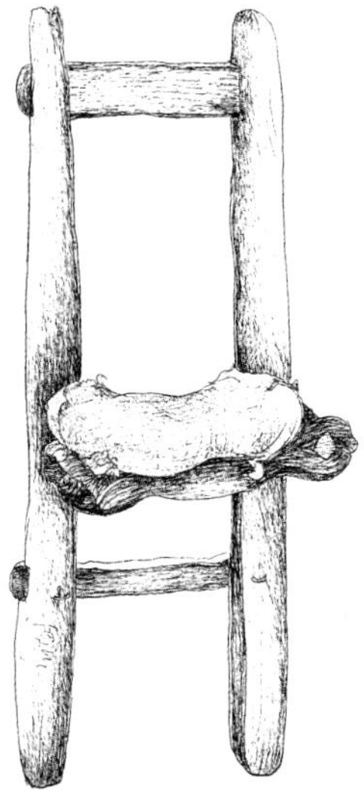

Zummenbock

und mehr auf den Tresterstock drückt. Der gepreßte Most rinnt aus dem Mundstück im Piet in den Bottich.
Früher wurde der Most durch ein Korbsieb (Kretze) geseiht. In der Regel wurde zweimal abgepreßt. Der Most des ersten Preßvorganges war der „Vorschuß" oder Vorlauf, der andere war der „Nachtorggler" und gab einen minderwertigen Wein. Der Most wird mit Kannen in die Gärfässer geschüttet. Nicht jeder Weinbauer besaß eine Torggl. Vielerorts gab es Gemeinschaftstorggln, und in älteren Zeiten hielt der Grundherr auf seinen Maier- oder Zinshöfen eine Zehenttorggl. Das Einkeltern heißt eigentlich ansetzen, und der Raum mit den Gärfässern, die auf dem Ganter (lat. canterius = Gestell, Bock) stehen, ist die „Ansetz".
Für die Qualität des Weines ist es vorteilhaft, wenn die Beerenstiele, die holzigen Teile entfernt werden, weil sie einen herben Geschmack bringen. Deshalb wurden die Trauben „gerebelt". Diese Reitern waren aus Holz oder später aus Drahtmaschen hergestellt. Aus dem Bottich wird der Wein mit der Pazeide (lat. batiaca = Weingeschirr), einem dreieckförmigen Holzgefäß mit Ausgußschnabel, (Fassungsvermögen gut 6 Liter) in die Zumme gefüllt und dann in die hohen „Stander" geleert.
Ursprünglich wurde die Praschlet gepreßt, und der Most wurde vergoren. Das gab den Höpfwein.

Der Vergärner oder Tresterwein gewann im 16. Jahrhundert an Beliebtheit. Wie schon der Name sagt, vergor dieser Wein auf den Trestern. Michael Gaismair verlangte in seiner schon erwähnten Landesordnung von 1526, „verjeren Wein zu machen wie im Welschland". Später war es besonders Hippolytus Guarinoni, der für den Vergärner eintrat und den Höpfwein geradezu als „Unflat" bezeichnete. Der Vergärner erzielte immer auch bessere Preise, und im Gasthaus kostete die Maß einen Kreuzer mehr.

Der Kretzer wird aus geseihter Maische hergestellt, ist also wie der Höpfwein anzusehen, ein sehr heller und milder Wein. Die Weißweine werden durchwegs nach diesem Verfahren hergestellt, weil sie sonst zu gelb und herb werden.
Nun ist der Most in den Standern, und es setzt die Gärung ein, die bei 15

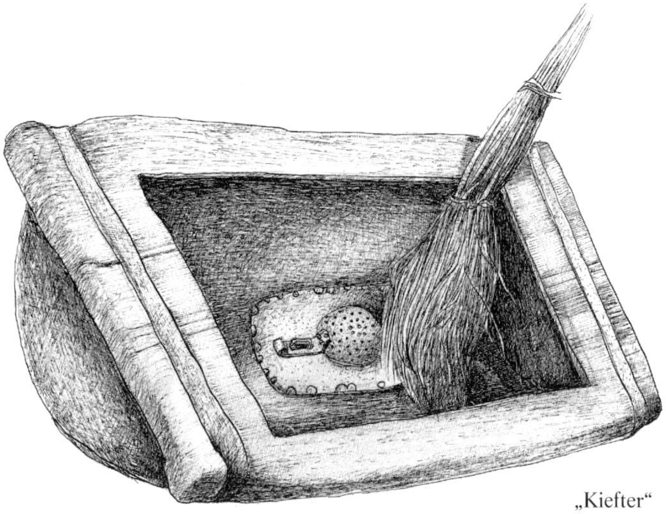

„Kiefter“

bis 18 Grad Celsius am besten vonstatten geht. Die Praschlet steigt nach oben und bildet im nicht ganz gefüllten Stander den Tresterhut, der ab und zu umgerührt werden muß.
Nach der Gärung sinken die Trestern auf den Standerboden. Den jungen Wein muß man bald abziehen, um den Trestergeschmack zu vermeiden.

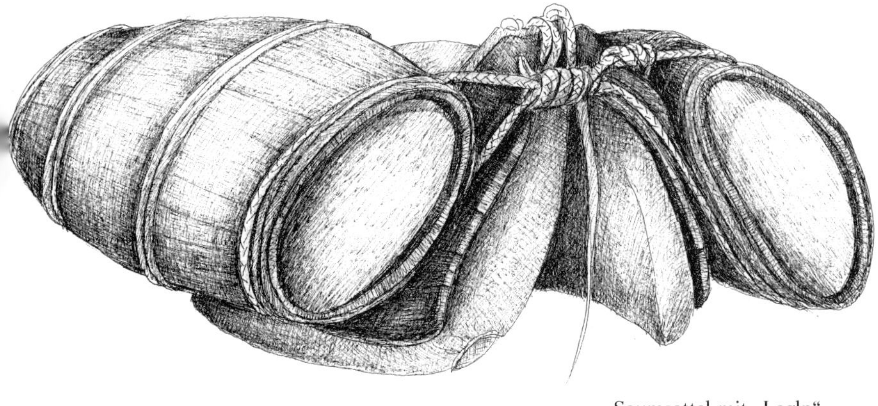

Saumsattel mit „Lagln“

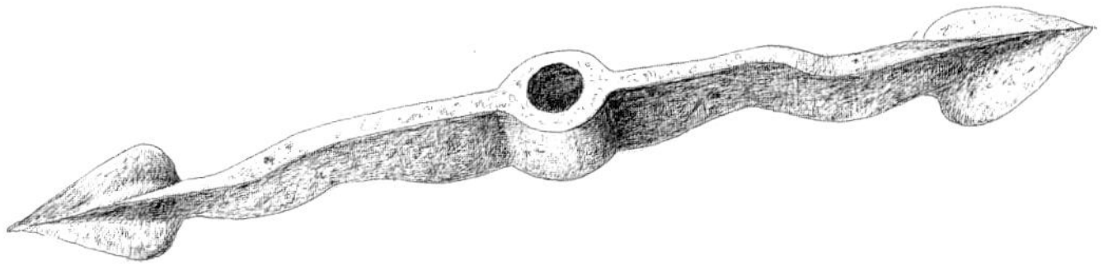

Standerriegel

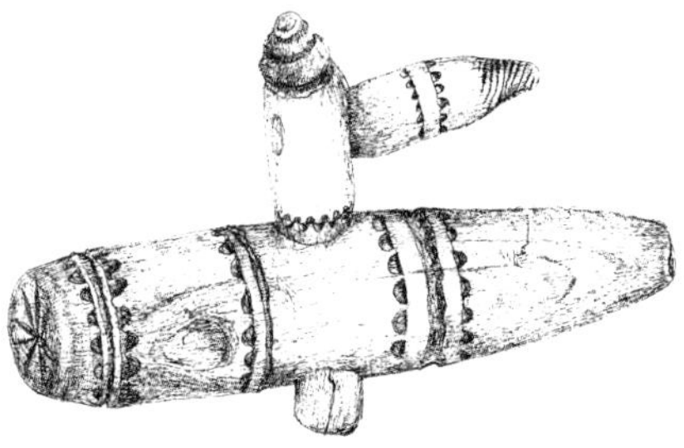

„Pip“, Faßhahn

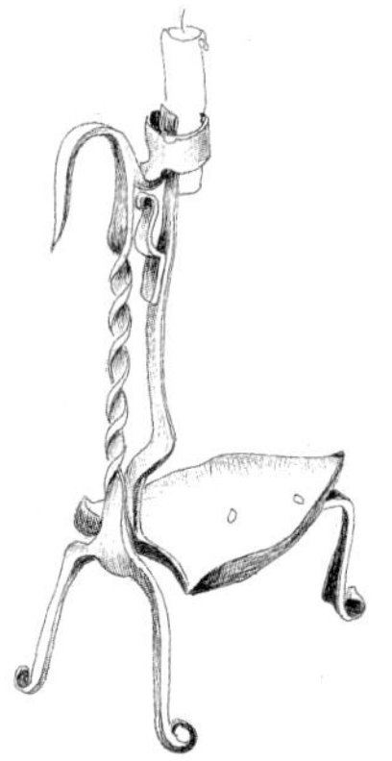

Kellerleuchte

Die Deckel (Standerluck) werden luftdicht verschlossen. Als Dichtmittel diente früher ein Aschenbrei. Zur gegebenen Zeit bohrte der Weinbauer in die Mitte des Fasses ein kleines Loch, das Spinelloch, das er nach erfolgter Kostprobe mit einem Zapfen (Spinell, lat. spinella = Dörnchen) wieder verschloß.
Der reife Wein wurde durch den Faßhahn abgezogen und dann verladen. Als Traggefäß dienten wieder die Zummen, und um das kostbare Naß verlustlos in den Panzen zu geleiten, bediente man sich eines großen Trichters (Tiefkar) oder Kuefkar (= Kiefte) oder Lauers (von lat. lura = Schlauch). Zum Transport des Weines eignen sich kleinere Gebinde. Die Säumer in früheren Zeiten verwendeten ein länglich-ovales Faß, das „Lagl“ (lat. lagellum), das von 38 bis zu 60 Liter faßte. Natürlich mußte ein Tragtier zwei Lagln schleppen.

Beim Verladen des Weines gab es eigene Messer, Amtspersonen, die alle ihre Geräte und die Maße bei sich hatten und die auch befugt waren, die Gefäße zu „pfächen“, zu eichen. Das Ergebnis wurde in das Faß eingeschnitten. Was im Stander zurückbleibt, wird nochmals gepreßt und gibt den Druckwein, einen etwas herben Trank für den Hausgebrauch. Seit etwa hundert Jahren werden gelegentlich die zurückgebliebenen Trestern im Stander mit Wasser bedeckt. Der so gewonnene Nachwein fand unter der Bezeichnung „Leps“ Verwendung und wurde bei der Feldarbeit getrunken. Das Wort ist noch ungeklärt, dürfte aber von läppern und schlabbern, unwürdig trinken, herzuleiten sein. Der Nachwein, der Aufguß auf Trestern, war unter der Bezeichnung lora schon im Altertum bekannt und galt als Trunk für Sklaven (Columella, De re rustica).
So wie an vielen anderen Orten vermutete man im Spätmittelalter und auch noch in unseren Zeiten überall böse Geister, welche dem Menschen Schaden antaten. So gab es nach der Aberglaubensliste in Hans Vintlers „Pluemen der Tugent“ (1486) „unholen“ (Unholde), die den Leuten den Wein aus den Kellern tranken. Vielleicht ist die einfache Figur des Kellergeistes eine Erinnerung an solches Gedankengut.

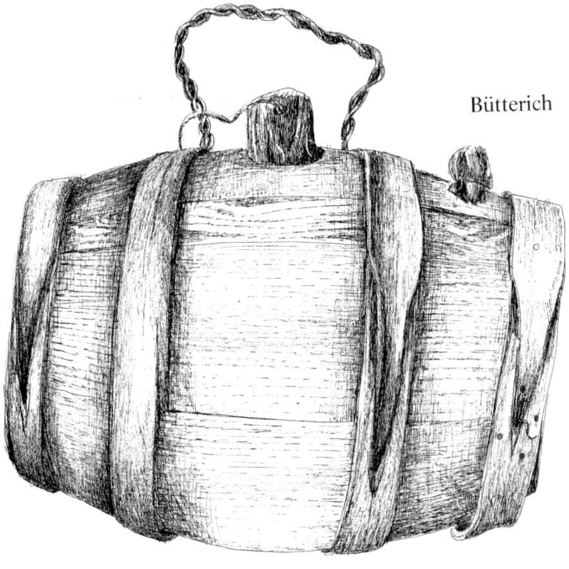

Bütterich

„Kellertozn“, Höhe 77 cm

Weinmaß und Weingefäße, Transport

Als ein kostbares und begehrtes Getränk wurde der Wein immer sorgfältig gemessen. Bis zur Vereinheitlichung der Maße und Gewichte in Österreich in der Mitte des 19. Jahrhunderts gab es eine verwirrende Vielzahl unterschiedlicher Maßeinheiten. Das größte eigentliche Weinmaß war die Yhre (von lat. urna = Krug, Topf).

Die gesetzlich gültige Yhre war die Bozner Weinyhre (77,81 Liter). Sie war in 12 Pazeiden zu 6,534 Liter geteilt.

Die Pazeide war in Ortsmaße geteilt, deren Zahl zwischen 8 und 5 wechselte. Jede Ortsmaß war nochmals unterteilt.

Die Pazeide zu 8 Ortsmaß (0,817 Liter) war in den ehemaligen Gerichtsbezirken bzw. auch Burgfrieden Altrasen, Ampezzo, Antholz, Bruneck, Buchenstein, Ehrenburg, Enneberg, Innichen, Michaelsburg, Neuhaus, Neustift, Reifenstein, Rodeneck, Schöneck, Sprechenstein, Sterzing, Straßberg, Taufers, Uttenheim und Welsberg gebräuchlich.

Die Pazeide zu 7 Ortsmaß (0,933 Liter) wurde in Aicha, Albeins, Bozen, Caldif, Deutschnofen, Enn, Flaas, Gries, Gufidaun, Hauenstein, Jenesien, Karneid, Kastelruth, Kronmetz, Lana, Neuhaus (Terlan), Salegg, Salurn, Sarntal, Stein am Ritten, Tiers, Trostburg, Völs, Wangen, Welschnofen und Wolkenstein verwendet.

Die Pazeide zu 6 Ortsmaß (1,089 Liter) galt in Meran und in Spaur.

Die Pazeide zu 5 Ortsmaß (1,307 Liter) war in Kurtatsch und Tramin üblich.

In Meran gab es die Vogtei-Yhre (72,845 Liter) und die Weinyhre zu 78,926 Liter.

Nach der Meraner Weinyhre wurde auch in Forst, Gargazon, Glurns, Kastelbell, Mals, Marling, Matsch, Mölten, Montan, Passeier, Schlanders, Schenna, Schnals, Stein unter Lebenberg, Tisens und Ulten gerechnet.

Die Neumarkter Yhre hatte 79,083 Liter und 12 Pazeiden zu 7 Ortsmaß.

In Kaltern, Altenburg, Hocheppan und Laimburg hatte die Yhre 79,229 Liter und 12 Pazeiden zu 6 Ortsmaß.

In Brixen, Latzfons, Pfeffersberg, Rodeneck, Thurn an der Gader, Vahrn, Velthurns, Verdings: 116,715 Liter (8 Sechter zu 18 Ortsmaß).

In Gufidaun, Klausen, Kastelruth, Kollmann, Ritten, Villanders und Völs hatte die Weinyhre 103,748 Liter und 12 Pazeiden zu 10 Ortsmaß.

In Trient rechnete man: 1 Yhre (orna) – 78,516 Liter, in 6 staja zu 12 Maß (mosse) unterteilt.

Mostyhren

Bozen: 82,104 Liter, später eine eigene Mostyhre = 81,702 Liter, geteilt in 12 Pazeiden.

Meran: 80,570 Liter.

Schlanders und Kastelbell: 85,999 Liter.

Neumarkt: früher 87,713, später 81,345 Liter.

Brixen, Latzfons, Pfeffersberg, Rodeneck, Thurn an der Gader, Vahrn, Velthurns und Verdings: 131,300 Liter (9 Wein-Sechter).

Gufidaun, Kastelruth, Klausen, Kollmann, Ritten, Villanders und Völs: 116,716 Liter.

Praschletyhren

In Bozen keine eigene Yhre. Man rechnete 14 Mostpazeiden (95,342).

Tramin: 81,592 Liter zu 12 Pazeiden.

Altenburg, Kaltern, Hocheppan, Laimburg: 82,785 Liter.

Neumarkt: 81,906 Liter, früher 109,205, später 102,380.

Gufidaun, Kastelruth, Klausen, Kollmann, Neustift, Ritten, Villanders und Völs: 129,685 Liter (15 Weinpazeiden).

Meran: 83,561 Liter zu 12 Pazeiden.

Schlanders und Kastelbell: 93,073 Liter.

In Bozen rechnete man für ein Fuder 8 Yhren (622,480 Liter).

Das Gefäß für die halbe Yhre war ein Lagl (Lagel).

Zwei Pazeiden waren ein Sechter. In älterer Zeit wurde gerechnet: Eine Klausner Yhre = 120 Klausner Maß = 120 Brixner Maß = 112 Bozner Maß. Eine Brixner Yhre waren 144 Klausner Maß (124,498 Liter). Eine Bozner Yhre = 90 Klausner Maß = 90 Brixner Maß = 84 Bozner Maß.

Fünf Brixner Yhren waren ein Fuder (622,490 Liter).

Sechs Klausner Yhren zu 103,748 Liter ergaben ein Fuder (622,488 Liter).

In Bruneck, Toblach und Lienz, wo später die Bozner Yhre galt, waren 7 Yhren = 8 Bozner Yhren ein Fuder. Eine Yhre = 88,927 Liter.

Die Bozner Yhre ergab 12 Pazeiden; eine Pazeide fünf Maß; eine Maß zwei halbe Trinkl; das halbe Trinkl vier Seitel; das Seitel acht Fraggelen.

Ein anderes bekanntes Weinmaß war der Eimer (Amphora = Henkelkrug) zu 56,5 Liter.

Berufe um den Wein: Saltner und Faßbinder

Zum Schutz vor Traubendiebstahl wurde der Saltner (lat. saltuarius) eingesetzt. Das war ein von der Gemeinschaft (nachperschaft und gmein) eingesetzter Flurhüter, der zu Jakobi (25. Juli) oder Laurenzi (10. August) in Vertrag genommen wurde und bis zum Ende der Weinlese in seiner Rigl (lat. regula = Geviert) oder Hut zu bleiben hatte. Kaltern z. B. hatte 1914 noch neun Saltner angestellt. Draußen in der Hut stand seine Hütte aus Stroh, manchmal auch aufgepfählt, nach Art eines Jägerhochsitzes. Neben der Hütte ragte der Hutbaum mit einem Strohkreuz an der Spitze. Für die Hutzeit waren die Weingärten Banngebiet. Die Zugänge wurden mit Berberitzenbüscheln oder mit der „Saltnerpratz" symbolisch geschlossen. Die Saltnerpratz, einc aus einem Brett geschnittene Hand, diente auch als Weiser für offene und nunmehr zu benützende Pfade.

Saltner vor seiner aufgepfählten Hütte

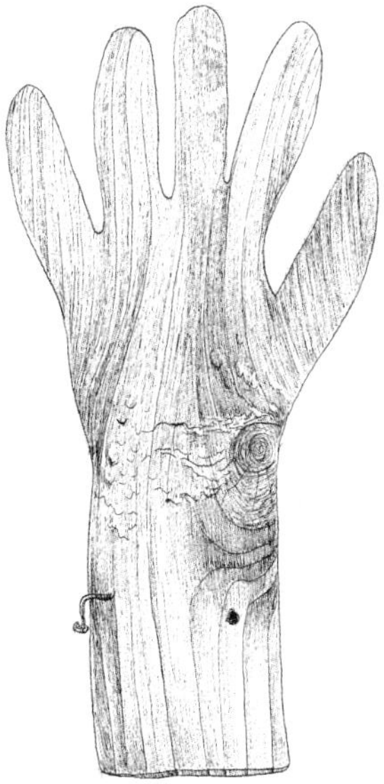

Saltnerpratz

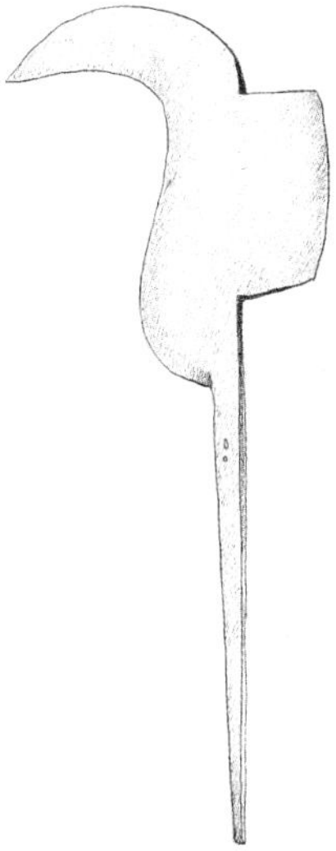

„Runggl"

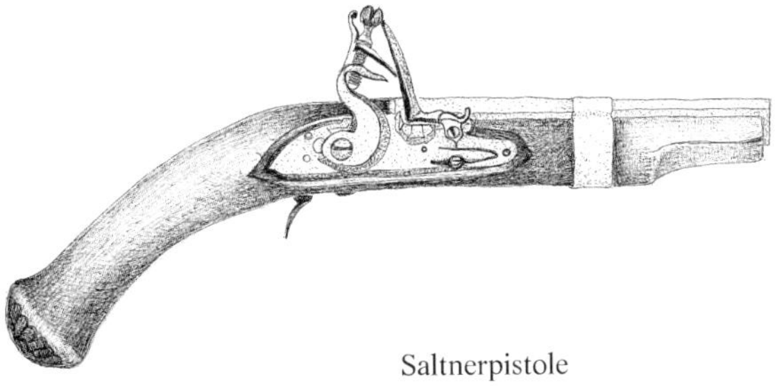

Saltnerpistole

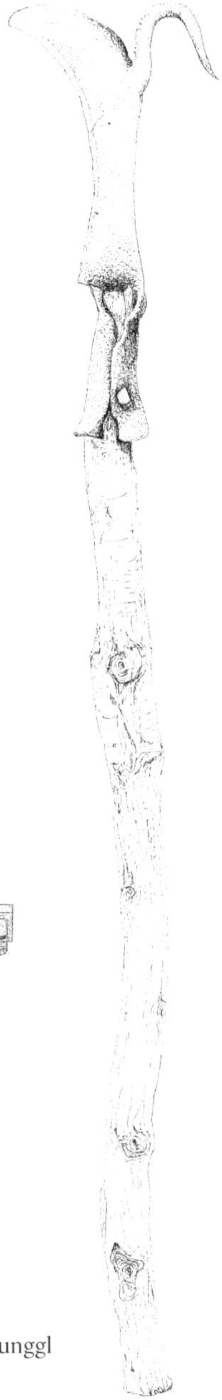

Saltnerrunggl

Das Gebiet durfte der Saltner kaum verlassen. Zum Essen ging er als Kostgänger von Hof zu Hof. Der Saltner war bewaffnet und trug die altbäuerliche Seitenwehr, ein gekrümmtes Messer von 25 cm Länge und eine Hellebarde.
Zur Ausrüstung gehörte auch das rindslederne Wams, das Brustgehänge mit allerlei Zubehör und mit geweihten Pfennigen und Kreuzen, der Hut mit Federn und Fuchsschwanz und das Kreuzeisen, das auch als Wurfeisen diente. Weitere Werkzeuge waren Runggl, Spieß und Riglstecken.
Am 14. August, das ist des Vorabend des Hochunserfrauentags, mußte der Saltner die Vorarbeiten beendet haben und seinen eigentlichen Einstand halten. Dies geschah beim Feierabendläuten mit Abfeuern von Böllern und Pistolen.
Nach dem Gottesdienst am Hochunserfrauentag (15. August), waren die Saltner für eine Weile sogar vom Kirchgang dispensiert. Der Saltner stand unter der Aufsicht des Dorfmeisters, sein Tun und Lassen war in den Weistümern festgelegt. Traubendiebe wurden gepfändet, doch durfte ein vorüberziehendes „armes Mensch …" oder eine schwangere Frau an Ort und Stelle wohl eine Traube essen, aber keine davontragen.
Der Dienst endete am allgemeinen Kirchtag, dem dritten Sonntag im Oktober. Der Saltner übergab das Rüstzeug und empfing seinen Lohn, der in Geld und Naturalien bestand. Beim Wimmen bestand die Aufgabe des Saltners darin, die Rebmesser zu wetzen.
Den kriegerischen Aufputz haben sich die Burggräfler Saltner in der zweiten Hälfte des 19. Jahrhunderts zugelegt, um auf die „Fremden" größeren Eindruck zu machen. Ludwig von Hörmann erzählt in seinen

Verzierungen auf dem Saltnerstab (1848)

„Tiroler Volkstypen“ (1877) gar nicht freundlich vom Erpressen und „Tabakkreuzerbetteln“ der Saltner.

Der Faßbinder oder einfach Binder wird anderswo Küfer oder, wie im Ständebuch des Hans Sachs, Böttcher genannt. Das Handwerk der Binder war eines der bedeutendsten Gewerbe. Sie stellten außer Fässern auch Bottiche, Zuber, Schaffe, Kübel, Melkbütten und Holzschüsseln (Brenten) her. Für kleinere Gebinde nahm man das weiche Zirbenholz, für das Weingeschirr aber Lärche, Kastanie oder Eiche. Schon im Klosterplan von St. Gallen (um 810) ist eine Binderwerkstatt eingezeichnet. Damals war der Binder ein artifex, ein Künstler.

Früh bildeten sich Binderzünfte, so z. B. in Bozen und Meran. Die Meraner Faßbinder treten 1412 als Träger des Pflugumzuges im Fasnachtsbrauchtum hervor. Sie hatten ein reiches Zunftbrauchtum (Binder-, Reifen- und Schäfflertanz), Zunftzeichen und Schutzheilige, so den hl. Urban und den Märtyrer Apronianus.

Bei der Durchreise der Erzherzogin Maria Amalia (von Parma) 1769 führten die Bozner Binder den großen Reiftanz auf, den der Maler Anton Thaddäus Cuseth (1790) im Bilde festgehalten hat.

In der Binderstube sind allgemein Werkzeuge der Holzverarbeitung, aber auch die besonderen des Binders ausgestellt: Flügel-, End- und Auskerbhobel, Gargelkamm, Zirkel , Gewindeschneider, Streichmaß und Rauhbänke.

Ein stattlicher Stuben-Unterzugsbalken aus dem Jahre 1464 mit schöner Flachschnitzerei ist ebenso ein Zeugnis gediegener Handwerks-nst. Er wurde im vorigen Jahrhundert bei einem Brand in Kaltern von ard von Auersperg und dem Grafen von Enzenberg gerettet.

„Steaßl“

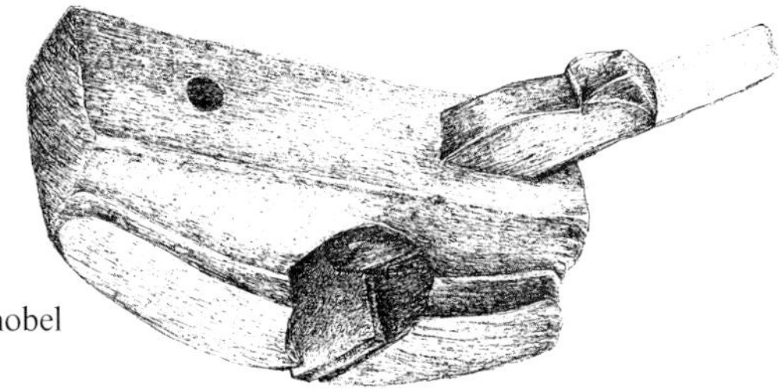

Backenhobel

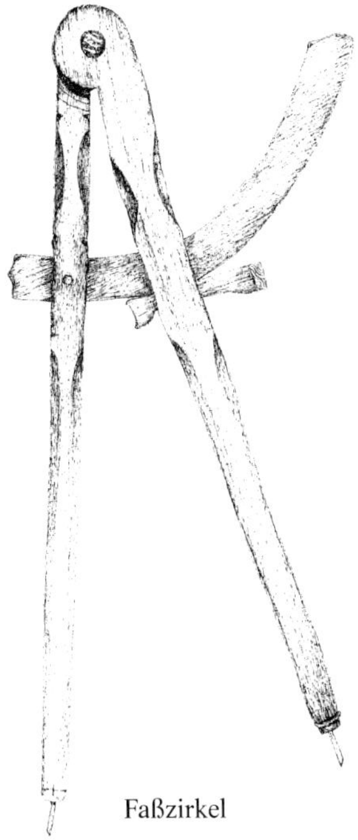

Faßzirkel

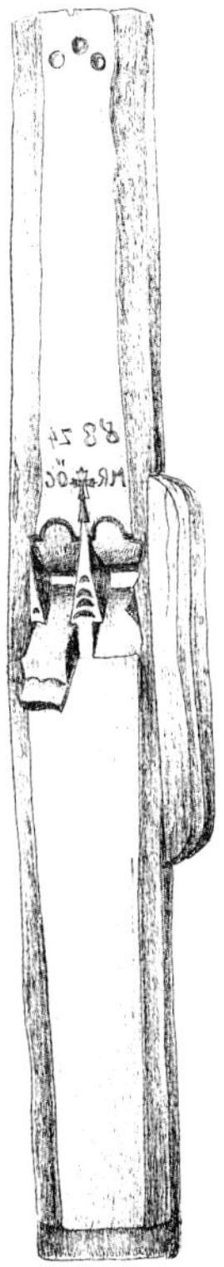

Rauhbank

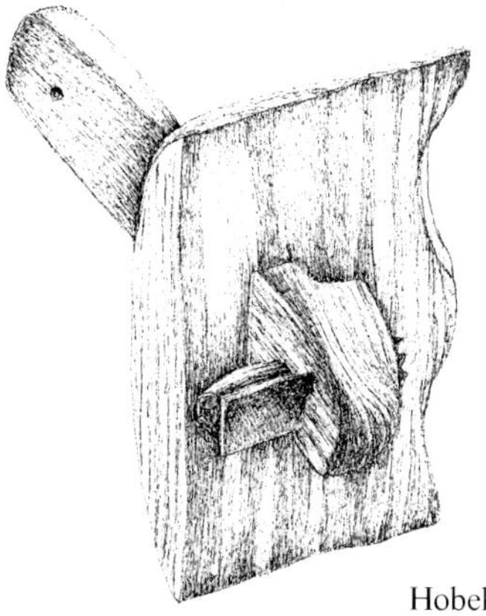

Hobel

Gargelkamm

„Törggelen“

Die geschichtlichen Grundlagen des „lieblichen Brauchtums“, wie Luis Oberrauch das Törggelen nennt, können schwerlich im Gelüsten nach neuem Wein, nach Nüssen und „Köstn“ oder in romantischer Wanderfreude der Städter liegen. Übrigens war das auch bei den Stadtleuten nicht immer so. Jedenfalls bemerkt der tirolische Schriftsteller und Pionier der Landeskunde, Beda Weber, in seinem 1849 veröffentlichtem Werk: Die Stadt Bozen und ihre Umgebungen: „Für Erfrischungen auf weiten Spazierwegen ist verhälnismäßig weniger gesorgt, da man in Südtirol die Genüsse dieser Art weit geringer anzuschlagen scheint, als es nach der Schönheit der Etschgegend der Fall sein sollte.“

Die Regelung der Schankgerechtigkeit in alten Zeiten ist sicherlich der Schlüssel zu unserem Brauch, der sich in mehreren Weinbaugegenden wiederfindet.

Das Leitgeben – Leit ist ein altdeutsches Wort für geistige Getränke – des Eigenbauweines ist ein Recht, das den Bürgern der Städte und Märkte zustand. Als Weinzeiger diente hierzulande ein Buschen aus Buchsbaum, anderswo tat es auch ein Föhrenwipfel oder ein Berberitzenbesen.

Bei den Römern wurden zur Zeit des Kelterfestes Efeukränze über Haus- und Kellertüren gehängt.

Die Zeit des Ausschankes – und es durfte nur Eigenbau aufgeschenkt werden – war beschränkt. Kaiser Josef II. regelte mit einem Dekret vom Jahr 1789 die steuerrechtlich etwas verworrene Sache dahingehend, daß die Selbsterzeuger den Wein in der Gemeinde, wo er wächst, unter dem Buschen an sitzende Gäste ausschenken durften. Das Verabreichen warmer Speisen war streng verboten, d. h., es durfte nicht aufgekocht werden so wie heute.

Die Wein- und Kellerwirtschaft erforderte zahlreiche Arbeitskräfte wie Saltner, Wimmer, Zummenträger, Kellerknechte, welche unter anderem auch die Torggl zu bedienen hatten. Diese verschiedenen Berufe oder Tätigkeiten sind mit dem Begriff Torggler auf einen Nenner gebracht. Die Bezeichnung Torggler ist im Weinland auch als Hof- und

Gebinderter Maßkrug

Familienname sehr häufig. Diese Torggler wurden nach Landesbrauch entlohnt. So erhielten die Saltner, also die Weingarthüter, zu Martini ihren Lohn wie andere Gemeindehirten, Taglöhner und Hütbuben auch. Denn Martini war – nach Michaeli (29. September) – ein wichtiger Zins- und Zahltag. Zum vereinbarten Lohn für Gesinde, Taglöhner und Handwerker gehörte neben Geld und Verpflegung auch eine zusätzliche Darreichung an Naturalien, die sogenannte „Besserung", die in Brot, Krapfen, Mohn usw., im Weinland aber in Flüssigem, möglicherweise auch in einem ordentlichen Mahl bestanden haben könnte.

Vielleicht zogen wie Pitschelesinger, Krapfenbettler und Juzkinder auch die Torggler oder, wenn es diesen zu minder war, deren Kinder von Hof zu Hof. Es ist nicht so abwegig, das Törggelen in die weite Verwandtschaft der herbstlichen Erntebräuche, auch der Heischebräuche zu stellen. Erwähnt sei auch noch die Martinsminne, wobei man sich mit neuem oder heurigem Wein Schönheit und Stärke zutrank.

In seinen gereimten Merksprüchen schreibt Oswald von Wolkenstein (1377–1445) auf Martini: „trinck martein wein und genß iß". 1403 wird in Brixen der Brauch erwähnt: „So geit man auch auf dieselben nacht von alter gewonheit armen leuten sant Martins trunch." Nach der Dommesnerordnung von Brixen (1560) „gibt der amptmann under der vesper sant martins trinckl in der herrn kelder fünfthalb mass".

Martini nennt auch Sebastian Franck als frohes Fest mit neuem Wein: „Erstlich loben sy Sanct Martin mit guotem Wein, genßen, bis sy voll werden... da zapfen sy yrre neiwen Wein an..." Nicht umsonst ist der hl. Martin auch der Patron der Gastwirte. Im Etschland war Martini auch großer Schlenggeltag (Gesindeziehtag). Die Saltner hatten an diesem Bauernfeiertag ein Amt mit Opfergang.

Von den Torgglern, die nach Abschluß ihrer Arbeit von ihren Bauern und Dienstherren zur Torrgl geladen wurden, um den neuen Wein zu verkosten, mochte die Bezeichnung „Törggelen" auf die Besucher von Buschenschenken und gastliche Weinhöfe übergegangen sein.

Einfache Zukost, Brot und Zwiebeln, Graukäse, sicherlich auch Kastanien und Nüsse wurden aufgetischt. Um neun Uhr abends mußte der Buschenwirt Schluß machen.

Unter solchen Bedingungen und in diesen Buschenschenken hat sich das Törggelen meist abgespielt, gelegentlich aber auch fern aller Steuerpflichtigkeit unter Freunden, wo der Bauer nicht Wirt, sondern gastlicher Hausvater war.

Die Zeit des Ausschankes war begrenzt und reichte von Rechts wegen eigentlich nur von Martini bis Kathrein, d. h. vom 11. bis zum 25. November.

Als gegen Ende des vorigen Jahrhunderts das alte bäuerliche und bürgerliche Hauswesen mit seinen Bräuchen und seiner autarken Wirtschaft zerfiel, brauchten Städter und weinfreudige Reisende das Törggelen nicht zu erfinden, sondern sie traten als zahlkräftige Gäste die Nachfolge alter Gerechtsame und Gepflogenheiten an.

Der Wein in Kult und religiösem Brauch

Rebe, Traube und Wein haben aus der Bibel tiefen Symbolgehalt. Im Buch Sirach (31,25–31) findet sich eine frühe Anstandslehre über das Weintrinken.

„Auch beim Wein spiele nicht den starken Mann! Schon viele hat der Rebensaft zu Fall gebracht... Wie ein Lebenswasser ist der Wein für den Menschen, wenn er ihn mäßig trinkt. Was ist das für ein Leben, wenn man keinen Wein hat, der doch von Anfang an zur Freude geschaffen wurde? Frohsinn, Wonne und Lust bringt Wein, zur rechten Zeit und genügsam getrunken. Kopfweh, Hohn und Schimpf bringt Wein, getrunken in Erregung und Zorn. Zuviel Wein ist eine Falle für den Toren, er schwächt die Kraft und schlägt viele Wunden..."

Neben dem Brot ist der Wein die heiligste Opfergabe. Durch die christliche Religion werden beide zum Gegenstand der Eucharistie und damit in die Tiefe der Glaubensgeheimnisse hineingenommen. Christus ist der wahre Weinstock (Joh. 15,1). In alttestamentlicher Vorausdeutung ist er auch der Keltertreter. „Ich allein trat die Kelter" (Jesaia 63,3). Zugleich ist er die gepreßte Traube. Das Kreuz wird zum Kelterbalken, und das Blut Christi fließt in den Kelch der Kirche, aus dem der Glaube den Erlösungstrank des wahren Lebens empfängt. Um im Bild zu bleiben: Der Kelch ist ein Symbol für den Menschen. Er steht mit dem Fuß auf dem Boden und öffnet sich nach oben für die Gnade Gottes. Die Kirchenväter, besonders Augustinus, nahmen das Bild von der mystischen Kelter wieder auf. Sie wird zum Brunnen des Lebens, aus der letztlich der Wein der Freude fließt. Die ersten bildlichen Darstellungen von Christus in der Kelter gehen ins 12. Jahrhundert zurück. Ein Fresko aus dem 15. Jahrhundert in der Schloßkapelle von Karneid dürfte die älteste Darstellung in Südtirol sein.

Mit Christus wird auch seine Mutter Maria in die biblische Bilderwelt um Rebe, Traube und Wein hineingenommen. „Von der hl. Jungfrau haben wir die Traube des Lebens empfangen. Ihr Sohn wurde als Traube des wahren Weinstocks in der Kelter ausgepreßt" (Johannes von Damaskus 675–749).

Da es bereits im Altertum Fruchtbarkeitsgöttinnen gab, die mit Trauben dargestellt wurden, so war es, als sich die stilistischen Möglichkeiten boten, auch zum Motiv der Traubenmadonna nicht weit. Maria mit der Traube begegnet uns erstmals in der frühen Gotik. In der Folge liebten es die Künstler, allen voran Lukas Cranach d. Ä., Martin Schongauer, Michael und Friedrich Pacher, Jörg Lederer und Lukas von Leyden, Maria und das Kind in schöner Holdseligkeit und mit Trauben in der Hand darzustellen.

So ist Maria besonders im Rheinland zur Schutzpatronin der Winzer geworden. Der gläubig-fromme Sinn des Volkes hat sich in Erkenntnis menschlicher Ohnmacht auch andere Heilige als Helfer in allen Anliegen des Weinbaues erkoren. In den österreichischen Weinbaugebieten ist es Severin († 482), der Gründer von Krems und Apostel Noricums; in Frankreich sind es Genoveva, Vinzenz und Urban; in Franken Kilian († 689); am Oberrhein Othmar (mit dem Lägel). Im Elsaß St. Urban, aber auch Bartholomäus.

Ferner werden Papst Sixtus II. und Johannes der Evangelist als Weinpatrone verehrt. In Südtirol sind es Bischof Ingenuin von Säben († 605), Korbinian von Freising († 725), Florinus von Matsch († um 800) und wie überall und vor allen anderen der hl. Urban. Es gibt zwei Weinpatrone gleichen Namens. Einer ist der Bischof Urban von Langrès in Südfrankreich († 375), von dem es heißt, daß er sich vor seinen Häschern in einem Weinberg versteckte. Der andere ist der Märtyrerpapst Urban I. (222–230). Es ist sonderbar, daß diesem bedeutenden und vielverehrten Heiligen in Südtirol lediglich die Kirche in Söll bei Tramin geweiht ist. Sein Fest am 25. Mai fällt mit dem des hl. Dionysius, Bischofs von Mailand, zusammen. Am 25. Mai wurden im heidnischen Rom auch die „urbana", ein Frühlingsfest zu Ehren des Weingottes Dionysos, begangen. Es könnte schon sein, daß Urban und Dionysius das heidnische Fruchtbarkeitsfest verchristlichen sollten. St. Urban, zu dessen Ehren feierliche Umgänge abgehalten werden (z. B. in Tscherms am Pfingstmontag), wird gelegentlich als Patron der Faßbinder verehrt und mit Faß und Zirkel dargestellt, häufiger aber mit einem Kelch, zumal er die Weisung gab, daß die bei der Meßfeier verwendeten Gefäße aus Gold oder Silber sein sollten.

Der 25. Mai war nicht nur ein Lostag, sondern auch ein wichtiger Termin im Rechtsleben, und so wurde Papst Urban, obwohl er nach der Legende wenig mit dem Wein zu tun hat, der vielverehrte Weinpatron. Ludwig Uhland hat ihm in einem Trinklied die Verse gewidmet:

„Und wenn es euch wie mir ergeht,
so betet, daß der Wein gerät,
ihr Trinker insgemein:
O heiliger Urban, schaff uns Trost!
Gib heuer uns viel edlen Most,
daß wir dich benedein!"

Nicht nur bei der eucharistischen Feier zur Wiederholung und zum Gedächtnis des Abendmahls, auch sonst wurden Trauben und besonders Wein bei Weihehandlungen verwendet. Trauben gehören zu den Erstlingsopfern, wie sie in der lateinischen Kirche, zusammen mit Bohnen, am 6. August, dem Fest des Papstes Sixtus II. (257–258), gleichsam als Erntedank gesegnet wurden und wie sie nach alter Tradition der Ostkirche im Athos-Kloster von Chilandar noch heute der „Dreihändigen" Maria geweiht werden.

Schon von alters her wurde zur Bekräftigung von Verträgen ein Trunk genommen, z. B. der Ehetrunk, der Leih- oder Leitkauftrunk, der später als Trunk der Johannesminne als Zeichen wahrer Liebe seine brauchtümliche Fortsetzung fand.

Den Brauch, bei wichtigen Handlungen den Göttern einen Trunk zu weihen, gab es bei den Griechen, den Römern und Germanen. Später trank man nicht mehr zu Ehren Wodans, sondern zur Ehre von Engeln und Heiligen. Man trank bei allen möglichen Anlässen, besonders aber bei Totenmählern die Minne des Erzengels Michael, des hl. Sebastian, des Stephanus, des Ulrich und der Gertrud; sehr bekannt war das Martinstrinkl, gefährlich die Bernhardsminne, denn sie war ein Frühtrunk, unserem „Glasl Weißen" vergleichbar. In einem von I.V.Zingerle aufgezeichneten Schwank aus dem 15. Jahrhundert „Ein Pantaiding im Himmel" gibt der hl. Andreas dem hl. Bernhard die größte Schuld für die auf Erden herrschende Trunksucht.

Am bekanntesten und als Brauch bis in unsere Tage reichend ist jedoch die Johannesminne. Johannes, der Evangelist und Lieblingsjünger des Herrn, wird mit einem Kelch, manchmal auch mit Kelch und Schlange dargestellt. Hat er doch – welch moderner Heiliger! – vergifteten Wein ohne Schaden getrunken, wie die Legende erzählt. Der verstockte Oberpriester Aristodemus hatte den Gifttrank zuvor an zwei Verbrechern erproben lassen. Mit Erfolg, sie fielen tot um. Johannes aber trank ohne Schaden. Er ließ seinen Mantel über die Toten breiten, und sie wurden zum Leben erweckt. Erst dieses zweite und starke Wunder überzeugte und bekehrte den Oberpriester. Segensgebete zur Johannesminne sind im deutschen Sprachraum seit dem 12. Jahrhundert bekannt. Darin wird besonders auf das Wunder bei der Hochzeit zu Kanaan verwiesen.

Ein Brixner Kalendarium aus dem 13. Jahrhundert nennt die Weihe des Johannesweines; aber schon vorher, um 1200, schildert Hartmann von Aue in seinem „Erec", wie der Held vor dem Kampf im Baumgarten einen guten Trunk „sant Johannes segen" nimmt (Vers 8650).

Der Johannessegenwein wurde früher in der Kirche verabreicht, er wird heute noch am 27. Dezember in unseren Kirchen gesegnet und zu Hause getrunken. In Wirtshäusern erhielten die Stammgäste ein Gläschen Johannessegen. Einen Trunk Johannesminne wurde vor einer Reise genommen, half bei allerlei Anfällen, begleitete Verurteilte auf ihrem letzten Gang, wurde auf Palmkreuze und die Äcker gesprengt, in die Fässer mit neuem Wein gegossen und wurde als Freundschaftstrunk den Neuvermählten gereicht mit den Worten: Bibite caritatem S. Joannis. Nach alten Stiftungen wurde gelegentlich bei Bittgängen auf Kosten der Pfarre allen Teilnehmern Wein ausgeschenkt. In Bozen wurde den napoleonischen Truppen als Willkommtrunk Wein gereicht. Auch in unserem täglichen Umgang mit Menschen, hauptsächlich aber bei geselligen Anlässen erfüllt der Wein wichtige Aufgaben. Wein ist das edelste Getränk, das auch so bereitet werden soll, daß wir es mit Vernunft und Maß getrost genießen dürfen. Es gibt, wenn wir uns an die Verse von Friedrich Rückert erinnern, Anlässe genug.

„Man kann, wenn wir es überlegen,
Wein trinken fünf Ursachen wegen:
Einmal um eines Festtags willen,
sodann, vorhandnen Durst zu stillen,
ingleichen künftgen abzuwehren.
Ferner dem guten Wein zu Ehren,
und endlich um jeder Ursach willen."

Literatur (Auswahl)

Eero Alanne: Das Fortleben der mhd. Ausdrücke für den Weinberg, die Weinbergsarbeiten und die Weinbehandlung in Österreich und Südtirol. In: Neuphilologische Mitteilungen 59, 1958, S. 110–150.

Ders.: Das Fortleben einiger mhd. Ausdrücke für den Weinhandel und für Gefäßnamen in Österreich und Südtirol. In: Neuphilologische Mitteilungen 59, 1960, S. 231–266.

Walther Amonn (Hrsg.): Südtiroler Weinmuseum. Bozen o. J., mit Beiträgen von Luis Oberrauch u. a.

Friedrich Bassermann-Jordan: Geschichte des Weinbaus unter besonderer Berücksichtigung der Bayerischen Rheinpfalz. Frankfurt/M. 1907

Erich Egg, Wolfgang Pfaundler, Meinrad Pizzinini: Von allerlei Werkleuten und Gewerben. Innsbruck-Wien-München 1976

Gerhard Eis: Gottfrieds Pelzbuch. (Südosteuropäische Arbeiten 38), München 1944.

Hans Fink: Verzaubertes Land. Volkskult und Ahnenbrauch in Südtirol. Innsbruck-Wien-München 1969.

Hans Grießmair: Das Südtiroler Weinmuseum in Kaltern. In: Reimmichls Volkskalender 1989, Bozen, S. 114–128.

Gustav Gugitz: Das Jahr und seine Feste im Volksbrauch Österreichs. 2 Bde. Wien 1949/50.

Friedrich Haider: Tiroler Brauch im Jahreslauf. Innsbruck-Wien-München 1968.

Richard Heuberger: Räterwein und Etschland. In: Der Schlern 16, 1935, S. 422–424.

Karl Theodor Hoeniger: Südtiroler Weinfibel. Bozen 1964.

Ludwig von Hörmann: Tiroler Volkstypen. Wien 1877.

Ders.: Der tirolisch-vorarlbergische Weinbau. In: Zs. d. DuÖAV, 1905 und 1906.

Konrad Köstlin: Über die Hörner der Alten. In: Forschungsfeld Museum. Kiel 1988, S. 169–194.

Leopold Kretzenbacher: Traubenweihe vor dem Thron der „Dreihändigen". Ethnologia Europea. (=Beiträge zur Kenntnis Südosteuropas und des Nahen Orients 39). München 1986. S. 135–142

Matthias Ladurner-Parthanes: Vom Perglwerk zur Torggl. Arbeit und Gerät im Südtiroler Weinbau. Bozen 1972.

Ders.: Leps – ein noch junges Wort. In: Der Schlern 42, 1968, S. 173–176.

Hermann Mang: Der Wein im Wetterspruch. In: Der Schlern 5, 1924, S. 309–314.

Ders.: Volksbrauch in Südtirol. 2. Aufl. (= An der Etsch und im Gebirge 3). Brixen 1964.

Hans Matscher: Heilige im Südtiroler Volksleben. (= An der Etsch und im Gebirge 20). Brixen 1961.

Georg Mutschlechner: Yhren, Pazeiden und Sechter. In: Der Schlern 63, 1989, S. 362–363 und zahlreiche Mitteilungen zur Geschichte des Weinbaues in Südtirol.

Augustin Nagele: Vom Weinbau in Südtirol vor 180 Jahren (1807). In: Südtiroler Hauskalender, Bozen 1987, S. 64–85.

Hans Nothdurfter: Vorrömischer Weinbau im Etschtal. In: Der Schlern 63, 1989, S. 390–402, mit Abb.

Wilhelm Oberegelsbacher: Ein Torggelsegen. In: Der Schlern 36, 1962, S. 345–346.

Luis Oberrauch: Das Südtiroler Weinmuseum am Kalterer See. In: Der Schlern 30, 1956, S. 430–431.

Ders.: Die Obergrenze des Südtiroler Weinbaues in früherer und jetziger Zeit. In: Der Schlern 51, 1977, S. 91–94.

Wilhelm Rottleuthner: Die alten Localmaße und Gewichte. Innsbruck 1883.

Georg Schreiber: Deutsche Weingeschichte. Köln 1980.

Richard Staffler: Zur Geschichte des Südtiroler Weinhandels. In: Der Schlern 33, 1959, S. 216–219, 313–321.

W. Steigelmann: Der Wein in der Bibel. Neustadt/Weinstraße 1971.

Otto Stolz: Zur Geschichte des Weinbaues in Tirol. In: Schlern 22, 1948, S. 330–337.

Dietmar Stutzer: Weingüter bayerischer Prälatenklöster in Südtirol. Rosenheim 1980.

Alois Thomas: Maria, die Weinrebe. In: Kurtrierisches Jahrbuch, 10, Trier, 1979, S. 30 ff.

Franz Tumler: Herkunft und Terminologie des Weinbaues im Etsch- und Eisacktale. (= Schlern-Schr. 4) Innsbruck 1924.

Thomas Weckwerth: Zu den Bildwerken mit der Darstellung „Christus in der Kelter" in Südtirol. In: Der Schlern 43, 1969, S. 349–351

Josef Werlin: Weinrezepte aus einer Südtiroler Sammelhandschrift. In: Archiv für Kulturgeschichte 45, 1963, S. 243–252.

Heinz-Gert Wodschek: Der Wein. Geschichte und Geschichten über Jahrtausende. Bilder und Dokumente. München 1971.

Karl-Franz Zani: Verhör um Raseln in St. Pauls. In: Der Schlern 57, 1983, S. 147–50.

Ignaz Vinzenz Zingerle: Johannissegen und Gertrudenminne. Ein Beitrag zur deutschen Mythologie. Wien 1862.

Glossar

Bottich, rundes gebindertes Gefäß zum Mosten, Maischeführen usw., ahd. potacha aus lat. butica, Kübel.
Brater, Traube mit weichem Fruchtfleisch. Mhd. brât, weiches Fleisch.
Bütterich, kleines längliches Trinkgefäß. Ahd. putrich, Weinschlauch aus lat. butina, Flasche.
Buggàl, Deckel, Standerluck, und *Bugàrre,* Deckel für die Kastelt. Wohl aus ital. buco, Loch.
deachtn, gebindertes Holzgeschirr mit Wasser dichtmachen.
Elbling, Eisacktaler Weinsorte. Lat. albuelis, weißer Wein.
der *Feler,* das Felerband, Weidenruten zum Rebenbinden. Nach der Farbe Falb, ital. falbo, lat. pallidus, bleich.
firmen, Bindband zurechtschneiden. Lat. firmare, zurechtrichten, wie putare, putzen.
der *Ganter,* Balkenunterlage für Fässer. Lat. canterius, Bock, Gestell.
die *Garzen,* Schösse, Traubenansätze. Lat. garza oder ahd. garta, Rute, Gerte.
das *Gatzl,* Schöpfkelle. Lat. cadus, Krug, ital. cazza, Kelle.
die *Gfinnen,* Streifen zwischen den Rebfeldern. Lat. confinium, Grenzscheide.
die *Gonzal,* im Südtiroler Unterland Ausdruck für Zumme, Traggefäß für Trauben. Lat. congius.
Gschlafne, Rebsorte. Ital. schiava, uva sclava, slawische Rebe.
die *Guntanelle.* Längsstange an der Pergl. Ital. contare, zählen oder lat. contus, Stange. Im Burggrafenamt gilt der Ausdruck Stellaun.
der *Jaufen,* Weingartholz. Lat. jugum, Joch.
Jausch oder *Jaust.* Rebenkrankheit, Einwickeln und Verdorren des Fruchtansatzes.
Kastelt (Kaschglt) längliches Faß für den Transport der Maische. Auch Jauchentruhe. Ital. castelada.
der *Keller.* Ahd. kellari, mhd. keller aus lat. cellarium.
die *Kelter,* Preßraum (in Südtirol nicht gebräuchlich). Lat. calcatura.
der *Kiefter,* Trichter, Hut, Tiefkar.
die *Kufe,* großes zylinderförmiges Faß, Gärfaß. Lat. cupa, Höhlung, mhd. kuofe.
die *Kunst,* Blech, welches den Verlust von Most oder Wein beim Entleeren der Zumme verhindern soll.
der *Lafer,* Läufer, fruchtbringender Sproß der Rebe.
das *Lagl,* längliches Holzgefäß, dem Saumsattel angepaßt. Ahd. lagella, lat. lagena.
Lagrein, Rebsorte. Lat. lagarina, von der Val Lagarina stammend.
der *Lauer,* Trichter ahd. lura, lat. lura Schlauch.
manailen, die jungen Reben aufstützen. Lat. manus, Hand.
Manngraben, Maß einer Fläche des Weingartens, die ein Mann an einem Tage umgraben kann, 287,6 m^2.
die *Mortitschen* (Patitschen), Schösse am alten Holz. Lat. morticinus, abgestorben.
die *Marzân,* Randholz der Pergl (Burggrafenamt). Lat. margo, Rand. In der Bozner Gegend Schalter.
die *Pataun* (Puntaun), im Burggrafenamt Ausdruck für Perglgerüst. Lat. pons, Brücke.
die *Pazeide,* gebindertes Gefäß mit Schnabelausguß, faßt gut sechs Liter. Lat. batiaca, Weingeschirr.
pelzen, setzen, pflanzen, pfropfen. Ahd. pelzôn, mhd. belzen, lat. impeltare.
die *Pergl,* laubenförmiges Stangengerüst für die Reben. Lat. pergula, Laube, Vorbau.
pfächen, eichen, messen. Ahd. phâht, aus lat. pactum, Recht, Gesetz.
Peter Bitterle, scherzhafte Bezeichnung des Festes Petri Stuhlfeier (22. Februar). Dieser Termin bescherte den Dienstboten den Marendwein. Zu Michaeli (29. September) wurde diese Zugabe wieder eingestellt.
die *Pip,* Faßhahn. Lat. pipa, Pfeife.
der *Plaggaun,* Fuhrgestell. Eigentlich Holz von gewisser Länge, hängt mit Bloch zusammen.
der *Prabster,* Aufseher oder Vorarbeiter beim Wimmen. Lat. praepositus, Propst, Aufseher.
die *Praschlet* (Praschglt), Maische. Mhd. bresten, brechen, reißen. In Welschtirol brasca.
der *Preil,* Kelterbaum. Lat. prelum.
Portschniesen (im Vinschgau Patschnis), Portugieser-Reben.
der *Pulggn,* starker Sack aus Rindsleder zum Säumen von Wein oder Mehl. Hirtentasche. Ahd. palg, Balg, Fell.
der *Raggaun,* Rebmesser, ital. roncone.
das *Rasel,* Setzling, Wurzelrebe. Strittige Herkunft; got. reissan, emporschießen, Reis; lat. radere, pfropfen.
der *Reber,* Rebmesser.
das *Rebelgitter,* hölzernes Sieb, um Traubenkerne von den Stengeln zu entfernen. Herstellung von Höpfwein.
die *Rigl,* Hut. Lat. regula, Geviert,
der *Saltner,* Flurhüter. Lat. saltuarius. Von saltus, Wald, Viehtrift.
schabigen (Schab, Schaub, Büschel). Ausbrechen des zu dichten Laubes in der Zeit der Blüte und im Herbst.
die *Spinell,* kleiner Probespund. Ital. spinella, Dörnchen.
der *Spund,* lat. punctum, Stich, Loch.
der *Standertuifl,* krallenartiges Eisen an langem Stiel zum Umlegen der hohen Stander.
stoaßn, stoßen. Einsetzen der Pergl-Säulen.
spigeln, Nachlese halten. Ital. spigolare, lat. spica, Ähre.
der *Stander,* großes, aufrecht stehendes Gärfaß, gebaucht oder in Zylinderform (Kufe).
der *Stellaun,* im Burggrafenamt Querstange der Pergl. Ital. stellone, Stiel, Latte.
die *Sulfer,* seitliche Stützsäule der Torggl. Lat. sublevare, heben, stützen.
törggelen, im Herbst neuen Wein trinken.
die *Torggl* (im Bodenseeraum der Torkel), Weinpresse. Ahd. torcul, lat. torculum, torquere, drehen.
der *Trachter,* Trichter oder Hut zum Einfüllen der Maische in die Kastelt. Lat. traiectorium, ahd. trahtâri.
die *Tragln,* Stäbe mit Eisenhaken zum Tragen von Weinfässern.
die *Trestern,* Rückstände beim Vergären, Bodensatz.
Vergärner, auf den Trestern vergorener Wein, zum Unterschied von Höpfwein und Kretzer.
Vernatsch, einheimische Traubensorte. Lat. verna, zum Haus gehörig, ital. vernaccia.
Versaillen, Reben aus Versailles, Frankreich.
Wanne, Bottich, in der Bozner Gegend für Fuhr-Yhrn. Lat. vannus, Futterschwinge.
Weimer, Traube, zusammengezogen aus Weinbeere.
Wimmen, Weinlese halten, lat. vinum demere, vindemiare.
die *Yhrn,* großer tiefer Bottich, zugleich Weinmaß von ca. 80 Liter. Lat. urna, Wasserkrug.
die *Zumm(e),* gebindertes Traggefäß für Flüssigkeiten oder Maische (ca. 50 Liter). Lat. cymbium, Trinkgefäß.

Ahd = althochdeutsch
Mhd = mittelhochdeutsch
Lat. = lateinisch

Teilansicht der großen Baumkelter (Torggl) ▷

Einer der vier Pfeiler, die das weite Gewölbe des landesfürstlichen Zehentkellers tragen (1693) ▷▷

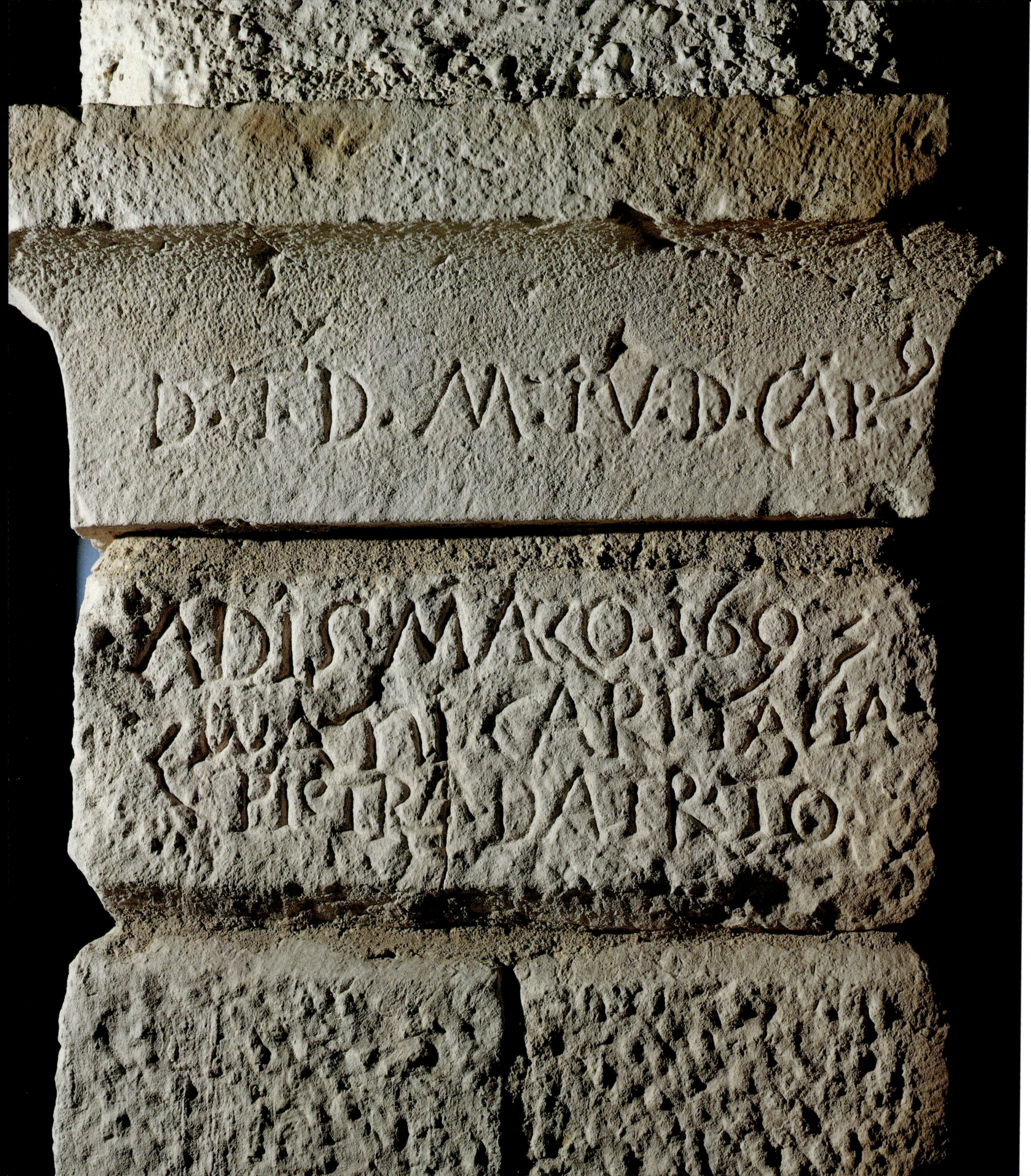
D·F·D. M·F·V·D·CAP

Wilhelm Walch
Luis Oberrauch
Walther Amonn

Johann Werndle/ Kayserlicher Pfaltz und Hofgrafe/ec. Bekenn offentlich mit disem Brieff/ vnd thue kundt Menigklich: Demnach Weiland Kayser Ferdinand der Ander diß Namens/ Allerhöchstlobwürdigister Gedächtnuß/ von Römischer Kayserlicher Macht vnd Vollkommenheit/ mich in die Ehr vnd Würde der Kayserlichen Pfaltz vnd Hofgrafen/ zu Latein Comites Palatini genandt/ Allergnedigist gesetzt/ vnd vnder andern ansehenlichen Gnad: vnd Freyheiten/ mir auch disen Gwalt vnd Macht mitgethailt/ das ich Ehrlichen Redlichen Leuthen/ die Ich dessen Würdig erachte/ einem jedem/ nach seinem Stand vnd Wesen/ ein Zaichen/ Wappen/ vnd Kleynod/ mit Schilt vnd Helm/ geben/ vnnd verleyhen/ vnd dieselben Personen also Wappens- vnd Lehens genoß machen/ schöpffen/ vnd erheben soll/ vnd möge/ Wie andere der Röm: Kays. May. vnd deß Heiligen Römischen Reichs/ auch Oesterreichischer Erb-Königreich/ Fürstenthumb vnd Lande/ Lehens vnd Wappens Genoß-Leuthe/ sich dessen frewen vnd gebrauchen. Vnd das bey disen meinen erlangten Freyheiten/ Allerhöchstermelte Röm: Kays. Majestät/ auch dero Nachkomme am Reich/ mich wollen allergnedigist Handhaben. Alles/ mehrern lauts/ meines Kayserlichen Freyheitbrieffs/ dessen Anfang vnnd Ende ist (Wir Ferdinand der Ander diß Namens/ von Gottes Gnaden Erwöhlter Römischer Kayser ec. Geben in vnserer Statt Wienn/ den Sechzehenden Tag Monats Augusti/ Nach Christi vnsers lieben Herrn vnd Seeligmachers Gnadenreichen Geburt im Sechzehenhundert Fünff vnd dreyssigisten/ vnserer Reich deß Römischen/ im Sechzehenden/ deß Hungarischen im Achtzehenden/ vnd deß Böheimischen in Neunzehenden Jahren) Welcher diser mein Kayserl. Freyheitsbrieff der Landsfürstlichen Herrschafft zu Tyrol in Original fürgewisen/ vnd darauff die Hochlobliche Oberösterreichische Regierung/ die Mithandhabung hierüber versprochen/ Vermög erthailter Vrkundt/ datiert zu Ynsprugg den Neun... ten Tag Monats Aprilis Sechzehenhundert Sechs vnnd Dreyssigisten Jahrs. Vnd wann ich dann angesehen/ war... genommen/ vnnd betrachtet die Erbarkeit/ Redligkeit/ auch guete Sitten/ Tugend vnnd Vernunfft/ darmit der Ehren... haffte Mattheuß Planer im Gericht Ritten am Eysack Seßhafft glaubwürdig berühmbt worden/ auch das gegen... der Römischen Kays. Majestät/ vnnd H. Römischen Reich/ Er Planer sich seiner eussersten Dienste anerbeutet/ es auch wol... thuen kan/ soll vnnd mag. So hab solchem nach/ Ich mit wolbedachtem Muet/ rechtem wissen/ vnnd gueter vorbetrach... tung/ in Krafft obvermelts/ meines habenden Kayserlichen Freyheitbrieffs vnnd darinn empfangnen Gewalts vnnd Macht/ vorbenanntem Mattheusen Planer im Gericht Ritten vnd allen seinen Ehelichen Leibs Erben vnd der selben Erbens Erben/ Manns vnnd Weibs-Personen hernach beschriben Wappen vnd Kleynod (Mit Namen/ einen rothen Schildt/ darinn/ an einem Rebstöcken zway in einander geflochtne Weinreben angebunden seyn/ deren fordere/ ein gelbe oder weisse/ hintere aber ein schwartze oder rothe abhangende Weintrauben hat/ Auff dem Schildt/ ein Stechhelm/ zur rechten mit gelber vnd schwartzer/ linckerseyts aber weiser vnd rother Helmdecken/ vnnd so viersaibigem Pausch. Darob zwischen zweyen Püffelshoren/ deren halber fordere ober thail/ gelb/ vnter thail schwartz/ hinter halber ober thail weiß/ vnd vnter schwartz/ erscheint die Gestalt eines Paursmanns/ in rother Klaydung vnd weissen überschlagen/ langen Haars/ vnd braunen Bards/ in der rechten Hand einen weisen Tischplan oder Täler führend/ die lincke Hand aber/ an die Hufft haltend. Wie dann diß Wappen in mitte diß Brieffs gemalen/ vnd mit seinen Farbe aigentlich außgestrichen ist) verlyhen vnd gegeben. Verleich vnd gibe auch/ auß- vnd von obberührter meiner habender Kayserlicher Freyheit/ vnd darinn empfangnen Gwalts vnd Macht/ vorbesagtem Mattheusen Planer im Gericht Ritten vnd allen seinen Ehelichen Leibs Erben/ vnnd derselben Erbens Erben/ Manns vnd Weibs-Personen solches Wappen wissentlich mit disem Brieff/ Also/ das Er Mattheuß Planer im Gericht Ritten/ vnnd alle seinen Eheliche Leibs-Erben/ vnnd derselben Erbens Erben/ diß Wappen fürohin in ewige Weltzeit mögen führen/ in allen vnd jedlichen Ehrlichen Redlichen Sachen vnd Geschefften/ zu Schimpff vnd Ernst/ in Streitten/ Stürmen/ Kempffen/ Gestechen/ Gefechten/ Panern/ Insiglen Petschafften/ Kleynoden/ Begrebnussen/ Gemählden/ vnd sonsten an allen Enden vnd Orthen/ nach jhren notturfften/ willen/ vnd wolgefallen gebrauchen/ auch all vnd jedliche Gnad/ Freyheit/ Ehr/ Würde/ Vorthl/ Recht vnd Gerechtigkeit/ mit Ambtern/ vnd Lehen/ Geistlichen vnd Weltlichen/ zuhaben/ vnd zutragen. Mit andern/ deß H. Römischen Reichs vnd Oesterreichischer Landen/ Lehen- vnd Wappens Genoß-Leuthen. Item Lehen vnd all ander Gericht vnd Recht zubesitzen/ Vrthel zuschöpffen/ vnd Recht zusprechen/ dessen alles thailhafftig/ wirdig/ empfänklich vnd darzu tauglich/ schicklich/ vnd guet seyn/ in Geistlichen vnd Weltlichen Stenden vnd Sachen/ vnd vermög obvermelts meines habenden Kayserlichen Freyheitbrieffs/ sich alles deß/ frewen/ gebrauchen/ vnd geniessen sollen vnd mögen/ Als andere/ der Röm: Kays. Majestet vnd deß H. Römischen Reichs/ auch Oesterreichische Lehens vnd Wappens-Genoß Leuthe/ solches alles haben/ vnd sich dessen frewen/ gebrauchen vnd geniessen von Recht vnd gewonheit/ vnverhindert Menigklichs. Alles/ bey der Röm: Kays. Majestet schwerer Vngnad vnd Straff/ vnd darzu erstermelten meinem Kayserlichen Freyheitsbrieff/ Einverleibter Peen/ der Fünfftzig Marck lötigs Golds/ darein ein jeder/ so ein Eintrag/ Frävel/ oder verhinderung hierwider zufügte/ den halben thail in der Röm: Kays. Majestät vnd deß H. Römischen Reichs Camer/ vnd den andern halben thail/ obbenanntem Mattheusen Planer im Gericht Ritten/ vnnd allen seinen Ehelichen Leibs Erben vnnd derselben Erbens Erben/ vnnachlässig zubezahlen verfallen sein soll. Jedoch/ andern so villeicht dem obbegriffnem Wappen vnd Kleynod gleich führeten/ an demselben jhrem Wappen vnd rechten vnvergriffen vnd vnschedlich. Mit Vrkundt diß Brieffs/ verfertigt mit meinem hierunter anhangendem Palatinats Insigel. Geben in der Statt Ynsprugg am ersten Tag Monats Septembris/ Nach Christi vnsers lieben Herrn vnnd Seeligmachers Geburt/ im Sechzehenhundert Drey vnd Fünfftzigisten Jahr.

Wappenbrief für den Rittner Weinbauern Matthäus Planer, ausgestellt von Kaiser Ferdinand II. (1653)

◁ Die „Gründerväter des Weinmuseums" (von rechts nach links): Walther Amonn (1898–1989), Luis Oberrauch (geb. 1908), langjähriger und hochverdienter Kustos, Wilhelm Walch (1880–1967). Porträts von G. Moroder

Aus dem Register der Weinzinse
für die Kirche von Terlan

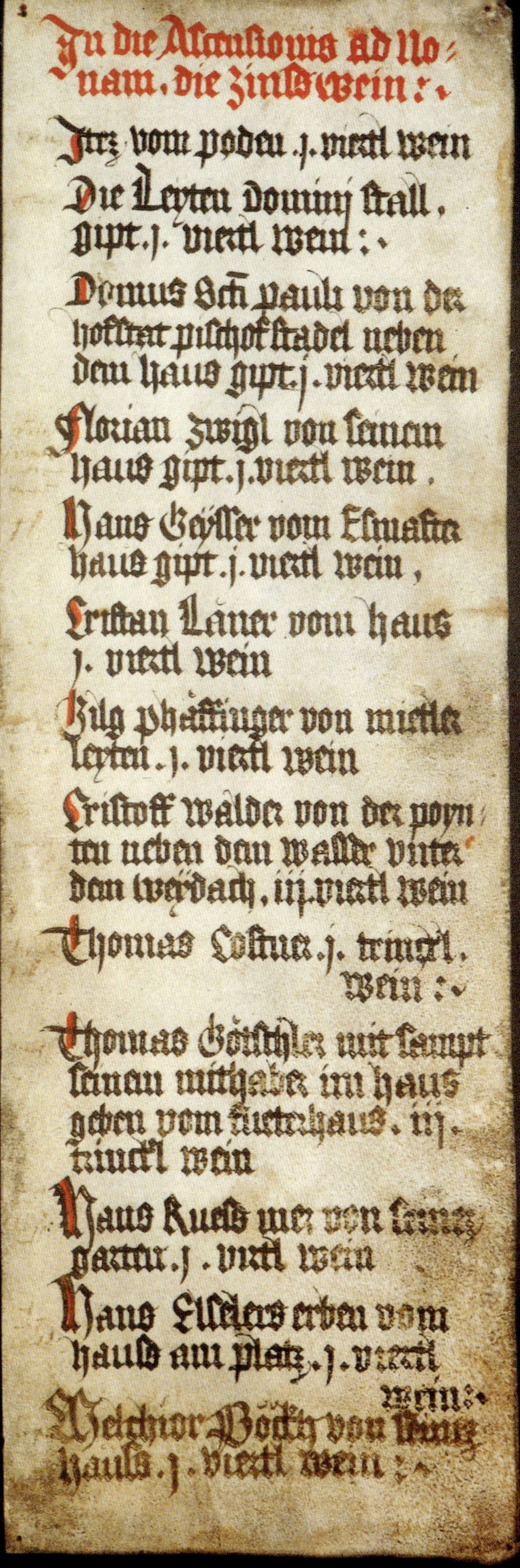

Erzherzog Johann von Österreich (1782–1859), Förderer der Landwirtschaft und des Weinbaues in der Steiermark und in Tirol

Ludwig von Comini-Sonnenberg
(1814–1869), genannt „Schwefelapostel“

Allerlei Weingeschirr wie Bottiche und Fuhryhrn sowie die „Kaschglt" auf dem Plaggaun. Links die tausendjährigen Torgglsäulen aus einem vermurten Grieser Weinhof, ausgegraben 1967

◁ Pergl mit Weingart-Gerät

Die Ansetz mit den „Standern“. Im Vordergrund eine „Kufe“

◁ Torggln und Spindeln
Die einfache Spindelkelter wurde auch die Rheinische genannt

Amphoren und Holzfässer („Panzn"). Die unterschiedlichen Formen zur Aufbewahrung des Weines

Weinmaße aus Kupfer und langschnabelige Pazeiden zum verlustlosen Umfüllen

Binderstube mit dem Werkzeug des Faßbinders. Darüber gotischer Unterzugsbalken mit Flachschnitzerei (1464). Im vorigen Jahrhundert bei einem Brand in Kaltern gerettet. Leihgabe Georg Graf Enzenberg, Kampan

◁ Weinfuhre, stark gebauter Wagen mit mehreren kleinen Gebinden

Modell einer Binderwerkstatt. Gesellenstück des Ludwig Voit in Bozen

Geschnitzter Faßboden mit Binderwappen

Otto Kastowsky: Glasfenster 1989. Variationen zum Thema Wein: Die Töchter des Lot, der betrunkene Noah usw.

◁ Otto Kastowsky: Weinlese, Glasfenster 1988

Saltner auf einer
Marlinger Schützenscheibe (1883)

◁ Saltner in vollem Aufputz

Die Kellnerin, Wirtshausschild, angeblich von Ignaz Stolz d. Ä. gemalt

Ländliche Trinkszene, Messing getrieben

Albert Stolz (1875–1947): Die zechenden Bindergesellen ▷

A. Stolz

◁ Königsreiterhumpen. Zeigt d
deutschen Kurfürsten. Kalten
bemalung, datiert 1717,
Höhe 23 cm

Ehrenbecher auf Kaiser Fra
Joseph I. Höhe 20 c
Flügelpokal, Höhe 33 cm

Weingläser mit Jagdmotiven

◁ Nabelflaschen aus Tiroler Glashütten (18. Jahrhundert) mit Zinnverschluß
Grünes Waldglas, das Blau entsteht durch die Beimischung von Kobalt

Bemalte Fläschchen, wohl Minnegaben

Deckelpokal, Freundschaftsglas, Landeck 1789. Höhe 18 cm
„Ein Freund, ein Glas, wie reumt sich das?
Mit beiden muß man schöne tun, dann bleibt der Freund, und hält das Glas.
So reumt sich das.“ ▷

Ein Freund
so bleibt der

Schnapshund oder -schwein. Scherzgefäß

◁ Krautstrunk. Die Warzen wurden nachträglich
auf das noch warme Glas aufgesetzt. Höhe 10 cm

Krüge aus Ton und Glas, Zinndeckel

Wirtskrug (Höhe 37 cm) und Krügl (Höhe 13 cm) aus blaubuntem Kaolin. Handelsware aus dem Westerwald

Tirolische Zinnkanne

„Plutzer“,
Weinkanne aus Kupfer, 1776,
Höhe 35 cm ▷

1776

Weinkrug aus Ton

◁ Marketenderflasche in Ton,
glasiert, Höhe 23 cm

Das zerbrechliche und teure Glas wurde durch Leder oder Korbgeflecht geschützt

Gebinderter Maßkrug für den Trunk des einfachen Mannes ▷

Bemalte Glasscheibe, ein Putto reicht dem Weinpatron St. Urban einen gefüllten Kelch

Glasmalerei. Die Kundschafter Josua und Kaleb bringen die Traube aus dem Gelobten Land

Papst Urban I. mit Thyrsusstab und Traube, einfache Arbeit aus dem Burggrafenamt (um 1700)

Der hl. Korbinian, Bischof von Freising. Plastik in Porphyraugit von Luis Piazza

Papst Urban als Patron der
'aßbinder, Fahnenblatt.
.eihgabe
der Pfarre Neumarkt

Der geistliche Weingarten Christi. Die Apostel wimmen, die Evangelisten führen die Maische. Der Hausvater holt Arbeiter in seinen Weinberg und entlohnt den Ersten wie den Letzten. Die vier heiligen Kirchenlehrer (Augustinus, Hieronymus, Ambrosius und Gregor der Große) erklären die Kelter Christi (Jesaia 63,3). Auf dem Bild ist eine Doppelspindelkelter dargestellt

Torgglsegen. Gebetszettel und Säckchen mit Dreißgenpulver. Die Torggl am Kelzhof in Lana wurde 1505 aufgestellt und 1901 abgebrochen

◁ Geistliche Berufe und Ordensleben als Arbeit im Weinberg des Herrn. Abbildung einer Miniatur im Kloster Nonnberg bei Salzburg: die Benediktinerabtei zum Hl. Kreuz auf Säben, im reichbehangenen Weingarten die Nonnen (um 1700)